Key Change
키체인지

Key Change
키체인지

비틀스에서 BTS까지
초일류 경영의 비밀

이두헌 지음

추천사

음악에서 찾는 경영의 통찰
_ 성인희, 전 삼성정밀화학 대표이사 사장·현 삼성글로벌리서치 고문

이두헌 교수의 강의를 처음 접한 것은 2009년 삼성인력개발원 부원장으로 재직하던 때다. 당시 삼성은 인재 교육 부문의 하드웨어와 소프트웨어 모든 부분에 걸쳐 전례 없는 혁신을 추구하며 종이 교재를 없애는 등 교육 프로그램, 평가 방식, 교육 시스템 전반에 파격적인 시도를 하던 시기였다. 그러한 변화의 한가운데 진행됐던 이두헌 교수의 '로큰롤에 담긴 혁명적 가치' 강의는 조직에 무척 신선하고 강렬한 메시지를 주며 큰 울림으로 다가왔다.

이두헌 교수는 우리가 평소 무의식적으로 접하는 음악 속에 기업의 미래를 변화시킬 경영의 통찰이 담겨 있음을 보여주었다. 이러한 통찰력 덕분에 이두헌 교수의 강의는 신입사원 교육부터 최고위 임원 교육에 이르기까지 점차 그 범위를 넓혀 나갔고 결국 삼성인력개발원의 핵심 강의 중 하나로 확고히 자리 잡게 됐다. 특히 교육생 평가에서 연속으로 만점을 기록하며 끊임없는 환호와 극찬을

받았다. 삼성인력개발원의 강의 내용 및 강사 선정 기준이 엄격한데도 17년 넘게 강의가 이어지고 있다는 것은 그의 강의가 가진 독보적인 가치를 인정한다는 셈이다.

기업 경영은 숫자나 전략만으로 설명할 수 없다. 인재와 기술 등을 바탕으로 업을 성취해 가는 종합예술의 대서사와도 같다. 이 책은 음악에 담긴 공감과 소통, 혁신, 선택과 도전의 지혜를 경영 이론과 자연스럽게 접목해 기업이 나가야 할 방향에 대해 새로운 영감을 불어넣는다. 변화와 혁신의 최전선에 서 있는 리더와 모든 분께 이 책을 자신 있게 권한다.

추천사

경영의 본질을 꿰뚫는 음악가의 눈
_ 황인규, 전 인천지방검찰청부천지청장·현 씨엔씨티에너지 회장

　이두헌 교수를 처음 만난 건 2006년 고등학교 동창이었던 가수 유열을 통해서였다. 당시 나는 검찰에서 근무 중이었고 그는 대중에게 '다섯손가락'의 리더로 널리 알려진 음악인이다. 처음엔 단순한 호기심이었다. 그러나 막상 그를 만나고 나서 나의 호기심은 이두헌이라는 사람에 대한 놀라움으로 이어졌다. 그는 음악가 이전에 엄청난 양의 독서와 폭넓은 관심을 바탕으로 사유하는 사람이다. 예술, 심리, 경영, 대중문화부터 사회현상까지 그와의 대화에는 지식의 나열을 넘어서 삶을 관통하는 통찰이 있었다. 그 통찰은 언제나 사람을 향한 섬세하고도 진정성 있는 성찰에서 비롯됐다.
　이 책은 바로 그런 그의 내면이 오롯이 담긴 기록이다. 그는 이야기꾼이다. 그러나 흔한 스토리텔러가 아니다. 그는 자신만의 관찰과 경험을 바탕으로 조직과 리더십, 창의성과 성장, 실패와 축적의 본질을 작곡하듯이 풀어낸다. 특히 그가 지닌 예술적 감각과 인문

적 통찰 그리고 수많은 기업과 현장을 거쳐 얻은 실천적 시선이 어우러졌다. 덕분에 이 책은 인문서이자 실용서이며 동시에 한 편의 아름다운 에세이가 됐다.

나는 23년간 검찰에서 일했고 마지막으론 인천지검부천지청장을 지냈다. 이후 민간 영역으로 옮겨 현재는 씨엔씨티에너지 회장으로 기업을 이끌고 있다. 돌이켜보면 공직에서든 기업 경영에서든 나의 판단과 리더십, 조직 운영의 방식에는 이두헌이라는 한 인간이 전해준 시선과 사고가 깊은 영향을 주었다고 생각한다. 그는 늘 다르게 보고 조용히 듣고 창의적으로 조율하는 사람이다. 이 책 속의 문장 하나하나에는 그런 그의 삶의 방식이 그대로 녹아 있다.

이 책은 법률가에게는 인간과 조직을 다시 성찰하게 이끄는 인문적 안내서이고, 경영자에게는 창의와 질서의 균형을 이끄는 리더십 교과서다. 무엇보다도 진정성 있게 삶을 살아온 한 사람의 증언으로서 깊은 울림을 준다. 그래서 나는 이 책을 모든 것의 본질을 새로운 시선으로 바라보고 싶은 분들 그리고 일과 사람 사이의 균형을 고민하는 모든 리더들께 자신 있게 권한다.

추천사

진동과 공명의 철학

_ 한승환, 전 삼성물산 리조트 부문 대표이사 사장·현 삼성생명공익재단 대표이사

홀로 성장하는 시대는 오래전에 이미 지났다. 지금은 '매일, 함께, 작은 변화'를 만들어 가는 연결의 시대다. 서로 연결되어 함께 작은 변화를 만들어 가는 기업 혁신의 현장에서 떨림과 울림, 진동과 공명이라는 단어를 자주 생각한다. 내면에 떨림이 있는 순간, 누군가의 이야기에 공감하고 울림을 느끼는 시간들이 결국 개인과 공동체를 새롭게 만들어 가는 것이다.

이두헌 교수는 음악을 통해 떨림을 만들어 내고 울림을 확산해 온 분이다. 그리고 지금은 음악을 뛰어넘어 사람과 사람 사이의 공감을 증폭하고 리더와 구성원이 함께 변화의 파동을 일으키도록 조율하는 히든 스테이지의 지휘자다. 연결과 공유, 참여와 협력을 통해 더 멋진 미래를 꿈꾸는 리더라면 이 책을 통해 공감의 지휘력이 살아 있는 매력적인 혁신의 무대를 보게 될 것이다.

추천사

음악, 인생, 기업이 공유하는 본질
_ 김형석, 작곡가 겸 프로듀서

「새벽기차」「이층에서 본 거리」에서 최근『싱크스Thinks』앨범까지 형의 음악은 형의 인생처럼 변화하고 성장해간다. 형의 목소리와 노래는 이제 인문학적인 깊이와 여백의 미가 진하게 성찰되어 철학과 대중음악의 어우러짐의 진수를 들려준다.

이 책은 어찌 보면 전혀 다른 분야인 음악과 인생 그리고 기업의 본질이 같음을 말하고 있는 귀한 지침서다. "당신이 진정으로 원하는 것은 무엇인가?" "당신의 진실은 무엇인가?" "가장 가치 있는 것은?" "가장 잘하는 것은?" "반드시 해야 하는 일은?" "어떤 일에서 의미를 발견할 것인가?" "이 일이 사람들에게 어떤 영향을 끼칠 것인가?" "그리고 당신은 어떻게 성취해나갈 것인가?" 등 여러 본질적인 질문을 던진다. 이 책을 통해 근본적인 것은 예술이나 사업이나 다르지 않다는 걸 일깨워준다.

추천사

음악과 커피처럼 기분 좋게 읽을 경영 지침서
_ 서정민, 한겨레 문화스포츠부장

　이두헌 님은 음악을 참 잘한다. 데뷔 40주년을 맞은 지금도 양질의 신곡을 꾸준히 만들어내며 녹슬지 않은 라이브 실력을 뽐낸다. 공연을 보며 또 하나 놀란 점은 말도 참 잘한다는 것이다. 중간중간 삶과 노래에 대해 진술하면서 맛깔나게 풀어놓는 얘기를 듣다 보면 시간 가는 줄 모른다. 알고 보니 학교는 물론 여러 기업체에서 수없이 강연하며 다진 내공이었다. 그 내공이 이 책에서도 여지없이 빛난다. 음악가 이전에 경제학, 광고홍보학 학도로서 공부한 것들을 음악과 인생의 '경영자'로서 터득한 지혜와 결합해 펼쳐냈다. 기업 경영과 조직 생활을 하는 분들은 물론 인생을 살아가는 누구에게나 음악과 커피처럼 기분 좋게 도움이 될 만한 양서다.

들어가는 말

음악 속에 혁신의 리듬이 있다

2007년 12월 한 해가 저물어 가던 어느 날 당시 내가 운영하던 와인바에 '삼성인력개발원'이라는 이름으로 연말 행사 예약이 들어왔다. 삼성인력개발원? 순간 길가 전봇대에 붙은 전단이 떠올랐다. 어렴풋이 '일용직 근로자들의 교육기관이려나?' 하고 생각했던 그곳은 알고 보니 삼성그룹 전체 교육을 총괄하는 핵심 조직이었다.

행사 당일 생맥주 통을 등에 지고 직원들에게 술을 따라주며 흥을 돋우는 임원들의 모습이 생소하게 느껴졌다. 그중 한 간부가 내게 다가와 말을 걸었다.

"삼성의 최고 교육기관 모임인데 그냥 먹고 마시는 걸로 끝낼 순 없죠. 한 말씀 해주시겠습니까?"

순간 당황했다. 대체 무슨 얘기를 하란 말인가. 잘 오셨고 멋지게 취하시고 내년에도 승승장구하시라 정도면 되려나 싶었다. 그런데 그가 한마디 더 얹는다.

"음악가로서 획을 그은 분이시니 음악 속에서 교훈이 될 만한 이야기를 짧게 해주시면 감사하겠습니다."

그는 술기운이 조금 있었지만 말투는 흐트러짐 없이 단호했다. 나는 얼떨결에 기타를 메고 그들 앞에 섰다. 에라 모르겠다는 심정으로 대중음악 장르들이 시대에 따라 어떻게 축적되고 변해왔는지 그리고 로큰롤이 당시엔 얼마나 파격적인 장르였는지를 기타로 연주하며 설명했다. "안전하다는 것이 때론 가장 위험한 선택일 수 있다."라고도 말했다. 그런데 이거 너무 진지하게 듣는 거 아닌가?

"인력개발원 김용재 차장입니다."

즉흥의 하루가 지나고 다음 날 아침 전화가 걸려 왔다. 어제 이야기가 인상 깊었다며 이번에는 정식 강의를 부탁하고 싶다는 것이었다. 장소는 경남 산청. 삼성에 갓 입사한 신입 사원을 대상으로 한 강의였다.

지금도 그날이 생생하다. 지리산 자락에서 운동복 차림에 군기가 바짝 든 젊은이들을 마주하고 '음악 속의 파격과 혁신, 소통과 축적'에 대해 두서없이 떠들어댔다. 다행히도 그 강의가 최악은 아니었던지 그날 이후로 17년째 삼성그룹의 신입부터 최고위 임원들까지 다양한 인재들을 대상으로 강의를 이어오고 있다.

음악 이야기만 하기엔 삼성그룹 인재들이 너무 똑똑한 사람들이었다. 어느 순간부터 내가 대학에서 배운 경제, 경영, 마케팅 이론을 음악과 엮기 시작했다. 그러다 보니 삼성인력개발원 교육 역사상 최초로 연속 평점 만점을 기록한 강사가 되기도 했다. 그렇게 기업 강의가 내 삶의 일부, 아니 어쩌면 내 소명 중 하나가 됐다.

이 책은 지난 20여 년 동안 삼성을 비롯해 현대자동차, 한화, SK, LG, GS, 롯데 등 수많은 기업과 국공립 기관 등에서 강의했던 일부를 주제에 따라 엮은 것이다. KBS 라디오에서 김난도 교수와 함께했던 원고도 일부 포함했다.

음악 속의 지혜가 오늘날 우리나라 기업들이 새로운 길을 발견하는 데 작은 불씨가 되길 바란다. 그리고 원고를 집필하는 내내 나를 지지해주고 믿어준 아내에게 이 책을 바친다.

2025년 여름
이두헌

차례

추천사

음악에서 찾는 경영의 통찰 · 4
_ 성인희, 전 삼성정밀화학 대표이사 사장·현 삼성글로벌리서치 고문

경영의 본질을 꿰뚫는 음악가의 눈 · 6
_ 황인규, 전 인천지방검찰청부천지청장·현 씨엔씨티에너지 회장

진동과 공명의 철학 · 8
_ 한승환, 전 삼성물산 리조트 부문 대표이사 사장·현 삼성생명공익재단 대표이사

음악, 인생, 기업이 공유하는 본질 · 9
_ 김형석, 작곡가 겸 프로듀서

음악과 커피처럼 기분 좋게 읽을 경영 지침서 · 10
_ 서정민, 한겨레 문화스포츠부장

들어가는 말

음악 속에 혁신의 리듬이 있다 · 11

1장 음악 속의 초일류 리더십 · 21

1. 듀엣에서 찾은 하모니 경영의 비밀 · 23
이질적 조합의 미학, 듀엣 • 23 | 브랜드 듀엣, 경계를 넘는 협업 • 26 | 조화로운 역할 분담, 사이먼 앤 가펑클 • 27 | 하모니 경영, 협업의 미래 • 29

2. 다름을 조율하는 소통의 리더십 · 30

결핍을 메우는 소통의 힘 • 30 | 명령하지 않는 리더십 • 31 | 신뢰로 쌓은 관계의 시간 • 34 | 즉흥과 충돌 사이, 조율의 예술 • 38 | 정서적 계약은 왜 중요한가 • 39 | 경험을 함께 만든다는 것 • 39

3. 전략의 본질, 사람 • 42
현장감각과 조직의 온도 • 42 | 현장에서 태어난 리더십 • 43 | 경험 기반 학습 • 46 | 이해와 곁의 거리 • 47

4. 축적의 힘 • 50
늦은 출발, 단단한 성공 • 50 | 태도는 지속의 거울 • 52 | 견딤의 내면화 • 54

5. 부모, 리더십의 원형 • 57
유대와 공감의 리더십 • 57 | 실패의 자산화 • 62 | 성장은 학습의 결과 • 63

2장 보이지 않는 조력자, 조직의 힘 • 65

1. 진정한 조력자의 가치 • 67
보이지 않는 성공의 주역 • 67 | 군림하지 않는 리더 • 68 | 이정선, 대가 없는 헌신 • 69 | 조동익, 음악의 본질을 만나다 • 70 | 예술의 본질, 옳음을 향한 태도 • 71 | 교사의 창조적 자아 교육 • 72 | 조용한 헌신, 성공의 토대 • 73

2. 창조 조직의 영감 • 75
제약 속 창의성 • 75 | 일관성 있는 브랜드 내러티브 • 78 | 음악적·심리적 훈련 체계 • 80 | 순환적 공동 창작 시스템 • 81

3. 인재 경영과 시너지 • 83
집단 역량과 시너지 • 83 | 잠재력 중심 인재 발굴 • 86 | 위험, 창의적 도전의 무대 • 87 | 지속가능성, 후속 성장 기반 • 88

4. 초일류 밴드의 조건 • 90
조율의 본질 • 90 | 밴드의 성공 조건 6가지 • 92

5. 조용한 혁신, 시장의 변화 • 100
고객 중심 혁신 • 100 | 품질과 신뢰의 차별화 전략 • 102 | 신념의 시스템화와 지속가능성 • 104

3장 창조성의 조건 • 107

1. 축적과 혁신의 연결고리 • 109
창조 역량의 순환구조 • 109 | 경쟁우위와 내부자산의 재배열 • 110 | 개인을 넘어 조직의 변화로 • 112 | 차별화의 가치 • 113 | 축적 기반의 혁신 • 114 | 조직 진화와 축적의 시스템화 • 116

2. 축적과 실패, 창조의 힘 • 117
실패와 성공의 이면 • 118 | 실패를 통한 성장 • 120 | 경로 의존성과 변화 • 121 | 실패 기반 학습과 조직문화 • 122

3. 이상함, 위대함의 시작 • 124
낯섦과 파격의 명작 • 124 | 혁신의 망상과 불가능 • 125 | 디테일과 완성도 • 126 | 차별성과 진정성 • 128

4. 처음, 도약의 서막 • 130
초두효과와 처음의 힘 • 130 | 계획된 우연과 성장 • 132 | 자기효능감과 성장 마인드셋 • 133

5. 연습, 가능의 선언 • 136
성과를 만드는 연습 • 136 | 질 좋은 반복의 힘 • 138 | 조력자와 피드백의 힘 • 139 | 연습, 나를 빚는 시간 • 140

6. 영감과 고통, 이중의 길 • 142
억압과 영감의 순간 • 142 | 회복탄력성과 성장 • 144 | 술 없이도 통하는 조직 구성원 • 146

4장 지속가능한 사랑, 시대를 초월한 가치 • 149

1. 지속가능성의 향기 • 151
오래된 물건, 음악, 존재의 추억 • 151 | 충분함의 미학과 느림의 가치 • 152 | 세월의 흔적과 위안 • 154 | 오래 남는 존재의 아우라 • 158

2. 장인정신의 경지 • 160
예술과 과학의 교차점 • 160 | 브랜드 일관성의 힘 • 162

3. 공정 경쟁의 힘 • 166
미8군 무대, 실력주의의 유산 • 166 | 보상과 성장의 구조 • 168 | 절차적 공정성 • 169 | K-팝 평가 시스템 • 171

4. 문화적 리더십 • 173
패션과 음악, 정체성의 상징 • 173 | 마돈나, 창의성의 확장 • 175 | 브랜드는 감정과 의미의 교환 • 176 | 브랜드와 시대정신 • 178

5. 회복탄력성의 팬덤 • 179
K-팝 팬덤의 조직성과 회복탄력성의 힘 • 179 | 글로벌 비즈니스 모델의 진화 • 181 | 플랫폼 경제와 브랜드 세계관 • 182

6. 오르막과 내리막의 교차점 • 185
정상의 자만과 하산의 전략 • 185 | 위기의 전조와 자기관리 • 186 | 전환점의 회복력 • 187 | 지속가능한 성장의 조건 • 189

7. 지속가능한 공헌 • 192

사회적 책임과 ESG • 192 | 진정성 있는 공헌 • 194 | 공유 가치 창출 • 196 | 장기적 신뢰의 구축 • 198

5장   음악과 혁신, 시간과 철학 • 201

1. 시간의 미학, 정성의 혁신 • 203
요리와 음악을 즐기는 인류 • 203 | 의미 있는 느림 • 204 | 기다림의 가치 • 206 | 축적과 깊이 • 207 | 정직의 철학 • 208

2. 작은 무대, 위대한 혁신 • 210
실험의 무대, 소극장 • 210 | 감정의 밀도 • 212 | 진정성의 무대 • 213 | 지속가능한 예술 경영 • 214

3. 디즈니, 창의 시스템 • 216
캐릭터 자산의 힘 • 216 | 실행 기반 창의성 • 217 | 비전의 실천 • 218 | 브랜드와 감정의 결합 • 219 | 경험 설계와 조직문화 • 220 | 창의성을 완성하는 실행의 힘 • 221 | 환상과 현실의 균형 • 222

4. 교양 너머의 음악 • 223
인간 내면의 리듬 • 223 | 음악과 교양의 본질 • 224 | 창의적 사고의 터전 • 226 | 감성지능과 공감 • 227 | 집단지성의 예술 • 228

5. 아마추어리즘, 창조의 본질 • 233
무명의 가능성 • 233 | 자기주도학습 • 235 | 인지적 유연성 • 237 | 오픈 이노베이션 • 238 | 집단지성과 네트워크 • 240

6장 음악·문화·다양성, 포용과 혁신 • 243

1. 포크, 저항과 차별화 • 245
낭만과 현실의 언어 • 245 | 반대 의견과 혁신 • 246 | 이견 관리와 생존 • 248 | 포용, 시너지의 문화 • 250 | 진정성, 다양성의 원천 • 252

2. 경계 너머의 여성 • 256
디바의 두 얼굴 • 256 | 여성 리더, 내면에서 길을 찾다 • 257 | 여성, 자신의 이름으로 걷다 • 259

3. 인간적 울림, 기타의 상징 • 263
기타의 기원과 진화 • 263 | 장인정신과 혁신 • 266 | 브랜드와 전통 • 268 | 사람 중심의 브랜드 • 270

4. 리듬, 심장의 울림 • 273
해방과 치유의 두드림 • 273 | 서사를 연주하는 북소리 • 274 | 해방의 리듬 • 276 | 리듬과 치유력 • 280

5. 커피가 바꾼 역사 • 281
변화의 액체, 감각의 중심 • 281 | 문화와 혁명의 무대 • 283 | 창의와 생산성의 촉진제 • 285

6. 여가, 창의와 혁신의 원천 • 288
취미와 창의성 • 288 | 세대와 국경의 연결 • 289 | 경영자와 예술가의 통찰 • 290 | 심리적 자본, 휴식의 가치 • 291

참고문헌 • 294

1장

음악 속의 초일류 리더십

1
듀엣에서 찾은 하모니 경영의 비밀

이질적 조합의 미학, 듀엣

우리나라 가수들이 노래를 잘하기 시작했다. 가수가 노래를 잘하는 건 당연한 이야기처럼 들린다. 하지만 과거와 비교하면 가창력 수준이 전반적으로 눈에 띄게 향상했음을 체감할 수 있다. 한때 아이돌은 비주얼과 퍼포먼스를 중심으로 소비되는 '상품'처럼 여겨지곤 했다. 그러나 이제는 멤버 전원이 고른 가창력과 음악적 역량을 갖춘 다재다능한 아티스트로 인정받고 있다. BTS의 정국, 소녀시대의 태연, 레드벨벳의 웬디 등 보컬 실력이 뛰어난 아이돌은 팀의 음악적 완성도를 높이며 글로벌 팬층 확대에 크게 기여하고 있다.

또한 최근 음악 예능에는 정식 데뷔 가수가 아님에도 뛰어난 가창력을 지닌 일반인들이 대거 등장해 주목을 받고 있다. 이들의 등장은 대중의 기대 수준을 한층 끌어올리며 가수들의 전체적인 가창력 수준을 상향 평준화로 이끌고 있다.

다양한 음악 활동의 형태 중에서 특히 주목할 것은 '듀엣'이다. 두 사람이 만들어내는 하모니는 깊은 협업의 미학을 보여준다. 최근 공식적으로 활동하는 듀엣팀은 줄어들고 있으나 솔로 가수들이 협업 형식으로 발표하는 듀엣곡 혹은 듀엣 무대는 음원 차트와 공연에서 여전히 강력한 존재감을 발휘하고 있다. 2018년 한국방송광고진흥공사 조사에 따르면 지상파 3사 음악 예능 중 1위는 「복면가왕」이고 2위는 「판타스틱 듀오」였다. 이 두 프로그램은 모두 듀엣이라는 포맷을 중심에 두고 있으며 예상치 못한 조합이 빚어내는 조화와 충돌은 시청자에게 신선한 감동을 선사했다.

듀엣의 큰 장점 중 하나는 서로 다른 음색과 개성을 지닌 두 사람이 만났을 때 발생하는 화학작용이다. 거친 탁성의 임재범과 청아한 고음의 박정현, 미성의 마이클 잭슨과 특유의 비음을 지닌 폴 매카트니처럼 예상을 뛰어넘는 조합이 새로운 음악적 감동을 탄생시킨다. 이는 조직 이론에서 말하는 '상호보완적 팀워크Complementary Teamwork'의 개념과도 연결된다.

영국 경영이론가 메러디스 벨빈Meredith Belbin은 팀워크의 효과가 구성원의 유사성이 아니라 서로 다른 역할과 강점의 조화로운 구성에서 비롯된다고 주장했다. 듀엣의 이질성은 단점이 아니며 오히려 긴장감과 감정의 진폭을 키우는 원천이다. 1981년 그룹 퀸과 데이비드 보위가 협업해 만든 「언더 프레셔Under Pressure」는 대표적인 이질적 만남의 성공 사례다.

원래 스위스 몽트뢰에서 퀸이 작업 중이던 곡에 데이비드 보위가 즉흥적으로 참여하면서 처음의 의도와 전혀 다른 방향으로 곡이 전개됐다. 존 디콘의 잊지 못할 베이스라인은 이후 바닐라 아이스가 「아이스 아이스 베이비Ice Ice Baby」에서 샘플링하기도 했다. 프레디 머큐리와 데이비드 보위는 각자의 가창력을 더해 상반된 음역대와 음색으로 긴장과 이완의 흐름을 만들어냈다. 그 덕분에 곡은 생명력과 깊이 있는 감정을 얻게 됐고 경제 불안과 사회적 불평등을 담은 가사는 시대적 정서와 맞물려 강한 공명을 일으켰다. 여기에 서로 다른 팬층이 결합하며 시너지가 폭발적으로 증폭됐.

MIT 슬로언경영대학원 산하 집단지능센터CCI에서 제시한 '집단 지능' 연구에서도 다양한 구성원들이 적절한 소통과 상호 존중을 기반으로 협력할 때 집단의 문제 해결력과 창의성이 상승한다는 점을 강조한다. 듀엣은 음악이라는 무형의 공간에서 그 이론을 생생하게 증명하는 형식이다. 이후 「언더 프레셔」는 퀸의 라이브 무대에서 다양한 가수들이 보위의 파트를 대체하며 상징적 협업의 결과물로 남았다.

브랜드 듀엣, 경계를 넘는 협업

듀엣은 음악에만 국한된 개념이 아니다. 서로 다른 분야의 기업이 협업을 통해 만들어내는 시너지는 비즈니스 영역에서 '브랜드 듀엣'으로 구현된다. 2015년에 스타벅스와 스포티파이는 커피와 음악이라는 이질적 조합을 통해 새로운 고객 경험을 창조했다. 기존에 직원이 선곡하던 매장 음악을 고객과 사용자가 직접 구성하는 참여형 플랫폼으로 전환한 것이다. 스포티파이 사용자는 자신이 만든 재생목록을 스타벅스 매장에서 공유할 수 있었고 스타벅스 리워드 회원은 음악 큐레이션에 직접 참여할 수 있었다. 이 협업은 단순한 서비스 연계를 넘어 고객을 소비자가 아니라 창작 주체로 전환한 대표 사례다.

이후 이 프로젝트는 종료됐지만 스타벅스는 독자적 음악 플랫폼으로의 확장을 시도했다. 그리고 스포티파이는 인공지능 추천 기능을 중심으로 서비스를 정비하며 고객 개인맞춤형 구조를 강화했다. 이처럼 이질적인 기업 간 협업도 듀엣의 원리를 따른다면 새로운 가치를 창출할 수 있다. 카네기멜런대학교 테퍼경영대학원 교수이자 조직심리학자인 데니스 루소Denise Rousseau가 제시한 '심리적 계약Psychological Contract' 개념을 떠올리게 하는 사례다.

조직과 조직 간 그리고 조직과 파트너 간 협업은 명시적 계약뿐만 아니라 상호 기대와 신뢰를 기반으로 심리적 계약 위에서 움직인다. 심리적 계약은 스타벅스와 스포티파이 사례처럼 공동의 목표와 문화적 연결이 있을 때 더욱 견고해진다. 그리고 참여자들은 소비자에서 동반자로 기능하게 된다.

조화로운 역할 분담, 사이먼 앤 가펑클

대중음악 역사에서 가장 정교하고 의미 있는 듀엣으로 사이먼 앤 가펑클을 꼽을 수 있다. 학창 시절 '톰과 제리'라는 이름으로 처음 듀엣 활동을 시작한 이들은 서로 다른 성격과 역량을 지녔지만 최고의 하모니를 이루었다. 폴 사이먼은 작사, 작곡, 연주를 담당했고 아트 가펑클은 보컬의 중심을 맡으며 역할 분담이 명확했다. 그 결과물은 클래식에 비견될 만큼 정교하고 아름다웠다.

두 사람은 한 곡에서도 리드 보컬을 유연하게 교대하며 책임, 배려, 주도성과 조화를 동시에 구현했다. 이는 리더십 이론에서 말하는 '공유 리더십'의 실천적 모델로 볼 수 있다. 미국 UC 샌디에이고 리더십대학원GLI 교수 크레이그 피어스Craig Pearce와 클레어몬트 대학교의 조직행동학 교수 제이 콩거Jay Conger는 효과적인 팀은 리더의 단일 권한이 아니라 상황에 따라 유동적으로 전환되는 리더십이 발휘될 때 시너지가 극대화된다고 강조했다. 듀엣은 이러한 리더십 전환을 음악적으로 가장 잘 구현한 예다. 그들의 음악은 단순한 조합이 아니라 '역할 간의 긴밀한 소통'의 결과물이었다. 현대 비즈니스에서 이상적인 팀워크는 구성원의 유사성이 아니라 서로 다른 역할과 강점을 조화롭게 결합하는 데서 비롯된다. 이는 음악에서 듀엣이 보여주는 이질성의 가치와도 닮아 있다. 듀엣의 구성원은 각각 다른 개성과 음색을 지녔다. 이 차이가 오히려 긴장감과 감정의 깊이를 만들어낸다.

조직행동론에서도 이와 유사한 원리가 적용된다. 앞에서 언급했듯이 메러디스 벨빈은 연구를 통해 팀의 성공 여부는 개인 능력의 평균이나 유사성에 있는 것이 아니라 서로 다른 팀이 얼마나 효과적으로 역할을 조화하느냐에 달려 있다고 주장했다. 그는 팀은 아이디어를 창출하는 '창조자Plant', 논리적 사고를 통해 문제를 분석하는 '판단자Monitor Evaluator', 추진력을 담당하는 '추진자Shaper', 조율자 역할을 맡는 '조정자Coordinator', 외부 자원을 연결하는 '자원탐색자Resource Investigator', 실천력을 발휘하는 '실행자Implementer', 마감과 검증을 담당하는 '완결자Completer Finisher', 팀 내 화합을 중시하는 '팀워크 조성자Teamworker', 전문 지식으로 기여하는 '전문가Specialist' 등 다양한 역할이 필요하다고 보았다.

스포츠에서도 테니스 복식조의 경우처럼 공격형과 수비형 선수를 전략적으로 조합하고 경기 중 리듬이나 전략이 엇갈릴 때 이를 유연하게 조율할 수 있어야 한다. 사이먼과 가펑클도 한 곡 안에서 리드 보컬 역할을 자유롭게 전환하며 최고의 하모니를 만들어냈다. 이처럼 완벽한 듀엣은 치열한 연습과 다양한 무대 경험과 상호 신뢰를 전제로 한다. 조직 경영도 마찬가지로 서로 다른 역량을 가진 리더와 팔로어가 긴밀히 협력할 때 진정한 시너지가 만들어진다.

하모니 경영, 협업의 미래

듀엣은 뛰어난 개인 역량만으로는 완성도를 높일 수 없다. 상호 보완적 역할 인식, 리더십의 유연한 전환, 책임의 명확한 수행, 신뢰를 바탕으로 한 긴밀한 커뮤니케이션이 필수다. 이는 음악을 넘어 모든 조직과 기업에도 적용할 수 있는 협업 전략의 핵심이다.

이질성을 자산으로 삼고 집단 지능을 촉진하며 상황에 따라 리더십을 공유하는 시스템을 갖춘 조직만이 변화하는 환경 속에서 지속가능한 경쟁력을 확보할 수 있다. 듀엣이 보여준 협업의 미학은 오늘날 기업이 추구해야 할 '하모니 경영Harmony Management'의 실천적 모델이다.

2
다름을 조율하는 소통의 리더십

결핍을 메우는 소통의 힘

　수없이 많은 정보가 자유롭게 빨리 많이 오고 가는 현대 사회에서 부족한 소통이 화두가 되는 이유는 무엇일까? 최근 TV의 각종 오디션 프로그램은 약자에게도 기회가 주어지는 공개되고 검증된 소통 방식을 보여주고 있다. 매년 새해가 시작되면 기업의 경영진은 주요 지역의 사업장을 방문해 현장의 체감 경기를 파악한다. 그리고 수시로 제조와 영업 현장 당사자의 애로사항을 경청하는 행보를 멈추지 않고 있다. 기업이 소통을 할 때는 상대가 무엇을 원하는지를 선제적으로 파악하고 대응하는 것이 중요하기 때문이다.

천재적인 음악가들은 세상과 어떻게 대화를 나누었을까? 이와 관련된 비결을 알 수 있다면 아마도 이 지혜는 음악가는 물론 기업과 조직에서도 충분히 적용할 수 있는 소통 전략이 될 것이다. 가왕 조용필은 스스로 최고의 작곡가이면서도 다른 작곡가의 곡을 수용하는 '내려놓음의 소통'을 통해 연령과 장르를 아우른다. 이는 그가 현재까지 평판을 유지하는 중요한 이유다. 세계적인 클래식 연주자들은 정기적으로 냉철한 평가자에게 개인 레슨을 받으며 자신의 단점을 보완하는 소통을 게을리하지 않고 있다.

소통이 전제되지 않으면 존재 가치를 잃어버리는 예술가의 태도는 리더의 수용적 태도와 닮았다. 그리고 무대 위 아티스트가 청중과 맺는 관계는 기업이 고객과 맺는 관계로 확장해 해석할 수 있다. 결국 소통은 모든 관계의 출발점이자 지속가능성을 좌우하는 본질이다.

명령하지 않는 리더십

2016년 '제5의 비틀스'로 불린 조지 마틴 경Sir. George Martin이 향년 90세로 별세했다. 폴 매카트니는 그의 창의적 설득력과 따뜻한 리더십을 추억했다. 대표곡 「예스터데이Yesterday」는 조지 마틴의 제안을 폴이 수용하며 탄생한 걸작이다. 폴 매카트니는 어쿠스틱 기타와 보컬만으로 곡을 완성했지만 마틴은 여기에 현악 사중주를 넣자고 제안했다.

폴은 처음엔 이 제안을 일언지하에 거절했다. 하지만 마틴은 "일단 녹음해보고 싫으면 네가 원하는 버전으로 가자."라며 설득했다. 결과적으로 폴은 그의 제안을 받아들였다. 이후 그는 "조지의 제안이 옳았다는 생각에 몇 주 동안이나 떠들고 다녔다."라고 회고했다. 「예스터데이」는 커버곡이 가장 많은 곡으로 기네스북에 등재된 명곡이다. 2,200명 이상의 아티스트가 리메이크했으며 1분마다 세계 어딘가에서 라디오 전파를 타고 있다. 조지 마틴은 EMI 레코드 산하 팔로폰 레코드의 A&R 책임자이자 프로듀서로 비틀스의 음악적 정체성을 함께 만든 인물이었다. 그는 리더로서 명령하지 않고 설득과 제안을 통해 예술적 결정과 수용을 끌어낸 존재였다.

이 장면은 리더십의 정의를 다시 쓰게 한다. 미국 매사추세츠대학교 아이젠버그경영대학원 찰스 맨즈Charles C. Manz 교수는 1990년대 이후 기존의 카리스마형 리더십에 대한 대안을 모색하고 '탈영웅적 리더십Post-heroic Leadership' 개념을 제안했다. 그는 전통적인 영웅적 리더십 모델, 즉 리더가 모든 문제를 해결하고 구성원은 지시를 따르는 방식이 복잡성과 변화가 극심한 현대 조직에는 더 이상 효과적이지 않다고 보았다. 대신 그는 리더와 구성원이 수평적으로 소통하고 권한과 책임을 공유하는 리더십 모델이 필요하다고 강조했다. 이러한 주장은 그의 대표 저서 『슈퍼 리더십: 사람들이 스스로를 이끄는 리더십』에서 명확하게 드러난다.

그는 진정한 리더란 '사람들이 스스로를 이끌도록 돕는 사람'이라고 정의했다. 리더의 역할은 통제와 지시보다는 '자기 리더십Self-leadership'을 조직 구성원 스스로 실현하도록 돕는 데 있다고 본 것이다. 이 개념은 동기부여 이론, 성찰적 학습, 자율성 기반 조직문화 등 다양한 이론적 기반 위에 세워져 있다. 그는 슈퍼 리더십 이론을 통해 다음과 같은 핵심 원칙을 제시한다.

- 자기 인식: 자신의 강점, 약점, 감정, 동기를 명확히 이해한다.
- 자기 통제: 감정과 행동을 스스로 조절하는 능력을 기른다.
- 의미 기반 리더십: 구성원이 일의 의미를 스스로 발견하고 내면화하도록 이끈다.
- 내재적 동기 부여의 활용: 외적 보상보다는 개인의 자율성과 성장 욕구를 자극해 동기를 부여한다.

이는 변혁적 리더십Transformational Leadership, 섬김의 리더십Servant Leadership, 참여적 리더십Participative Leadership과도 부분적으로 맥을 같이한다. 그러나 맨즈의 이론은 특히 구성원 개인의 자기 리더십 강화에 집중했다는 점에서 독자적이다. 경영학적 관점에서 볼 때 그의 이론은 지식 기반 조직, 애자일 조직, 자기조직화 개념과 긴밀히 연결된다. 이러한 조직에서 리더는 통제자가 아니라 조정자 혹은 추진자의 역할을 맡는다.

조지 마틴은 바로 이런 리더십의 전형이었다. 나이키는 '운동선수의 목소리The Athlete's Voice'라는 명칭의 브랜드 전략 플랫폼을 통해 현장 피드백과 운동선수의 목소리에 귀 기울이고 이를 신제품 기획과 개발 과정에 반영한다. 이 프로그램은 단순한 의견 수렴을 넘어 현장에서 운동선수와 고객이 경험하는 문제점과 개선 아이디어를 실시간으로 수집하는 체계를 구축했다. 제품 디자이너, 엔지니어, 마케팅 부서가 주기적으로 현장 직원들과 워크숍을 열어 직접 피드백을 청취했다. 그리고 그 내용을 신제품 개발에 반영하거나 기존 제품의 품질 개선에 활용한다. 이를 통해 나이키는 고객 중심 사고를 조직 내부에 체화시키고 있다. 그럼으로써 빠르게 변화하는 시장 요구에 민첩하게 대응하는 '현장 기반 혁신'을 실현하고 있다.

신뢰로 쌓은 관계의 시간

1983년 뉴햄프셔주에서 시작된 스토니필드팜Stonyfield Farm은 유기농 요구르트와 유제품을 주력으로 생산하며 환경 보호와 사회적 책임을 강조하는 기업으로 알려져 있다. 창립자 중 한 명인 게리 허시버그Gary Hirshberg는 지속가능한 경영과 친환경 브랜드 구축의 선구자로 평가받는다. 이 회사는 수익을 자선 활동에 환원하고 이산화탄소 배출량도 100% 상쇄하고 있다. 이렇듯 정직한 브랜드는 소비자의 신뢰를 얻을 수밖에 없다. 그 신뢰는 시장 확장으로 이어진다.

가수 이승환 역시 정직과 신뢰의 소통을 실천해온 대표적 인물이다. 2001년 시작한 '차카게 살자' 콘서트를 통해 70억 원 이상을 기부했고 99명의 어린이에게 치료비를 전달했다. 팬들도 '우리도 차카게 살자' 프로젝트를 통해 자발적으로 기부와 봉사를 이어갔다. 이들의 관계는 사회자본의 전형이다.

제임스 콜먼James Coleman은 미국 시카고대학교 사회학과 교수로 재직하며 교육사회학과 사회자본 이론 발전에 크게 이바지한 학자다. 그는 사회자본을 '행위자 간 관계 속에서 발생하는 신뢰와 협력의 자원'이라 정의했다. 피에르 부르디외Pierre Bourdieu는 프랑스 사회과학고등연구원과 콜레주 드 프랑스에서 교수로 재직하며 사회자본, 문화자본, 상징자본 개념을 체계화한 사회학자다. 그는 이러한 자본을 '개인이 소속된 집단과의 관계에서 누적된 잠재력'이라 보았다. 이러한 자본은 금전적 교환 없이도 공동체 내에서 신뢰와 협력을 끌어낸다.

신발 및 패션 상품 온라인 판매회사인 자포스의 고객 응대 방식은 사회자본 이론이 어떻게 경영 현장에서 실천될 수 있는지를 보여주는 생생한 사례다. 자포스의 창업자 토니 셰이는 저서 『딜리버링 해피니스』에서 고객, 직원, 회사 전체의 행복을 최우선 가치로 삼아야 한다고 강조했다. 그는 고객 서비스를 부서의 역할이나 기능에 국한하지 않고 자포스 브랜드 자체를 대표하는 핵심 정체성으로 정의했다. 이를 위해 상담원에게 최대한 자율성과 권한을 주고 고객과 진정성 있는 대화를 통해 신뢰와 감정적 유대를 형성하도록 장려했다.

자포스의 상담원은 고객 한 명 한 명과 진정성 있게 대화하기 위해 통화 시간에 제한 없이 매뉴얼에 얽매이지 않고 자율적으로 대응할 수 있도록 권한을 부여받았다. 예컨대 상담원이 고객과 10시간 43분 동안 통화한 사례는 고객 한 사람과의 신뢰 관계 형성을 최우선 가치로 삼는 자포스 문화를 상징한다. 또한 상담원은 고객의 요청을 단순히 처리하는 것을 넘어 추가적인 도움이 필요한 경우 선제적으로 대응했다. 그리고 고객이 요청하지 않아도 필요한 물품을 무료로 보내는 등 '감동 서비스'를 실천했다.

이러한 신뢰 기반 서비스는 고객 충성도 강화와 입소문 마케팅으로 이어졌다. 자포스는 단기간에 미국 내 고객 서비스 분야에서 최고 기업으로 자리매김했다. 토니 셰이는 "우리는 광고로 고객을 사는 대신 서비스로 고객을 감동하게 해 자발적인 홍보대사가 되게 한다."라고 밝히며 장기적 관계 구축을 통한 브랜드 충성도의 중요성을 설파했다. 자포스는 고객의 문제를 해결하는 수준을 넘어 고객과의 관계 속에서 신뢰trust, 감정적 연결emotional connection, 장기적 유대long-term loyalty를 창출하는 데 집중해왔다.

국내에서는 SK텔레콤이 'T맵' 'AI 누구' 등 서비스와 고객센터 운영을 통해 사회자본의 가치를 실현하려고 노력해왔다. 특히 상담 서비스 부문에서는 기술보다 공감을 우선하며 고객 응대의 질과 정서적 연결을 중시하는 접근을 했다. 고객 편의성을 높이기 위해 사용자 경험UX을 개선하고 생활 밀착형 서비스를 제공하며 고객과의 신뢰를 구축해왔다.

　그러나 2024년 12월, SK텔레콤은 외부 해킹으로 인해 고객의 유심USIM 정보 일부가 유출되는 사고를 겪었다. 유출된 정보에는 유심 번호, 개통일자, 휴대전화 번호 등이 포함된 것으로 알려졌으며 이는 금융 사기나 명의 도용에 악용될 수 있다는 우려를 낳았다. 사고 발생 이후 정보 공개의 시기, 내용, 고객 보호 조치의 실효성 등을 둘러싸고 논란이 제기됐다. 이는 장기간 쌓아온 사회자본에 위협이 되는 결정적 사건으로 작용했다. 특히 문제 해결보다는 사태 축소에 집중한 듯한 기업 대응은 고객의 불안감을 증폭시켰다는 평가를 받았다.

　이 점에서 SK텔레콤의 위기 대응은 자포스의 고객 응대 철학과 대조적이다. 자포스는 고객의 신뢰를 가장 소중한 자산으로 여겼다. 위기 상황에서도 투명하고 감정적으로 공감하는 방식으로 대응함으로써 오히려 사회자본을 강화하는 계기로 삼았다. 반면 SK텔레콤은 평소 고객 경험 중심의 전략을 추진해 왔음에도 위기 상황에서 미숙하게 대응해 사회자본을 소진하는 역효과를 경험했다.

　사회자본은 단지 좋은 서비스나 관계로 쌓을 수 있는 것이 아니다. 위기의 순간에 드러나는 기업의 태도와 행동으로 더 강하게 축적되거나 빠르게 무너질 수 있다. 자포스와 SK텔레콤의 사례는 신뢰와 관계의 경영이 단기적 성과를 넘어서 기업의 지속가능성과 직결된다는 사실을 분명히 보여준다.

즉흥과 충돌 사이, 조율의 예술

이스라엘의 지휘자 이타이 탈감Itay Talgam은 저서 『마에스트로 리더십』에서 리더는 간격을 잘 다루고 처리해야 한다고 강조한다. 지휘자는 오케스트라 단원이 같은 음악을 다르게 해석할 수 있는 간격이 존재함을 인정하고 조율해야 한다는 것이다.

116년 만에 뮤지션으로는 최초로 노벨문학상을 수상한 밥 딜런은 1962년 데뷔 앨범부터 1976년 발표한 『디자이어Desire』 앨범까지 이 기간에만 총 17장의 정규 앨범을 발표했다. 그런데 이 모든 앨범을 만드는 데 대략 90일밖에 걸리지 않았다. 그의 음반에 참여한 뮤지션들은 새로운 음악에 대한 사전 정보도 없이 녹음실에 도착했고 즉흥 연주 형식으로 서로 아이디어를 주고받으며 짧은 시간에 음악을 완성했다. 딜런은 연주자들의 자율성과 해석을 존중했고 그 간극에서 생긴 에너지로 음악의 생명력을 확장했다.

밥 딜런의 제작 방식은 사전에 구조화된 틀에 얽매이지 않고 반복적 실험과 직관적 흐름 속에서 곡이 '태어나는' 과정을 따른다. 이는 워싱턴대학교 심리학과 교수 키스 소여Keith Sawyer가 저서 『그룹 지니어스』에서 제시한 '즉흥적 창조Improvisational Creativity' 개념과 닮았다. 그는 위대한 창조는 철저히 통제된 계획이 아니라 즉석에서 만들어지는 질서를 통해 생겨난다고 보았다. 딜런의 음악은 바로 이런 즉흥적 창조의 대표 사례다. 그는 조직되지 않은 즉흥과 충돌 속에서 오히려 에너지와 혁신을 끌어냈다.

정서적 계약은 왜 중요한가

싸이는 「강남스타일」로 전 세계를 열광시킨 그해 약속된 국내 대학 축제와 서울시청 광장 무료 공연을 위해 빌보드 차트 1위 등극을 목전에 두고 귀국했다. 그는 "나를 이 자리에 있게 해준 건 한국 대중의 너그러움이었다."라며 약속을 지켰다. 대중은 그를 '출국보다 귀국이 감동적인 스타'로 기억하게 됐다.

앞서 말한 '심리적 계약' 이론은 조직과 구성원 사이에 명시되지 않은 기대와 신뢰 등과 같은 정서적 약속을 뜻한다. 루소는 특히 이 비공식적 기대가 실질적 행동 동기나 충성도에 큰 영향을 준다고 설명했다. 싸이는 대중과의 계약을 법적 의무가 아니라 정서적 약속으로 인식했고 그것을 행동으로 증명했다. 그 결과 그는 대중적인 스타를 넘어 신뢰받는 브랜드로 자리 잡았다.

경험을 함께 만든다는 것

BTS는 오늘날 가장 상징적인 소통의 모델이다. 그들은 데뷔 초기부터 팬들과 쌍방향 소통을 철학으로 삼았다. 팬들과 거리감을 줄이기 위해 브이라이브V LIVE, 유튜브, SNS 등 다양한 플랫폼에서 일상과 감정을 공유했다. BTS의 음악은 단지 듣는 콘텐츠가 아니라 팬들과 함께 만들어가는 경험 콘텐츠가 됐다. 팬들은 수용하는 존재에서 참여하고 확산하는 존재로 변모했다.

2020년 빌보드 1위에 오른 「다이너마이트Dynamite」「버터Butter」 등은 우연히 글로벌 히트곡이 된 것이 아니다. 공식 팬클럽 아미 ARMY의 자발적인 조직력과 소통의 결과였다. BTS는 유니세프와 함께 '러브 마이셀프Love Myself' 캠페인을 펼치며 청소년의 정신 건강과 자존감 향상을 위한 메시지를 세계에 전했다. 팬들은 이 캠페인을 자발적으로 후원하고 각국 언어로 번역하고 관련 영상을 제작하는 등 글로벌 확산의 주체로서 역할을 해냈다.

'참여적 리더십Participative Leadership'은 1930년대 커트 루윈Kurt Lewin, 로널드 리피트Ronald Lippitt, 랠프 화이트Ralph White가 진행한 사회심리학 실험에서 출발한 이론이다. 이들은 세 가지 리더십 유형인 권위형, 자유방임형, 참여형 리더십을 비교했다. 이들은 구성원이 의사결정 과정에 실질적으로 참여할 때 가장 높은 만족도와 책임감을 보인다고 밝혔다. 이 이론은 오늘날 민주적 리더십과 수평적 조직문화의 근간이 됐고 BTS는 이를 팬과의 관계에 자연스럽게 적용했다. 그들은 팬을 단지 소비자가 아니라 공동 창작자이자 파트너로 바라보았다.

음악가들은 끊임없이 소통함으로써 청중과 교감하고 동료 연주자와 호흡하며 세상과 대화를 나눈다. 이는 기업과 조직이 배워야 할 소통의 본질을 보여준다. 설득과 수용, 정직과 신뢰, 간극의 존중, 약속의 이행, 공동 성장의 과정은 음악가들이 오래도록 다듬어 온 생존 방식이자 창조 원칙이었다. 음악 속 소통의 지혜는 오늘날과 같은 불확실성 시대에 리더십, 경영, 인간관계에 있어 더욱 절실한 교훈이 된다. 우리는 더 많이 말하는 시대가 아니라 더 깊이 듣고 진정성 있게 연결하는 시대를 살아야 한다. 음악가처럼 말이다.

3
전략의 본질, 사람

현장감각과 조직의 온도

 기업 경영에서 현장은 늘 최우선 과제로 꼽힌다. 수많은 CEO가 직접 현장에 가 무슨 일이 벌어지는지를 확인하고 더 나은 결정을 내리기 위해 노력한다. 미국 CBS의 프로그램 「언더커버 보스」는 CEO가 평범한 직원으로 위장해 현장에 잠입하는 실험을 통해 경영자가 조직 구성원과 얼마나 멀어져 있는지를 보여주며 큰 반향을 일으켰다.
 이와 같은 실천적 접근은 경영 컨설턴트 톰 피터스와 로버트 워터맨이 함께 저술한 저서 『초우량 기업의 조건』에서 소개한 '현장 경영MBWA, Management By Wandering Around' 개념과 맞닿아 있다. 피터스는 맥킨지 컨설턴트 출신으로 당시 미국 기업의 쇠퇴를 목격하며 조직 운영의 새로운 해법을 제시하고자 했다. 그가 강조한 현장 경영MBWA은 말 그대로 '돌아다니며 관리하라.'는 뜻이다. 책상에 앉아 데이터를 분석하는 대신 현장을 누비며 직원들과 자연스럽게 대화하고 문제를 체감하며 해결하는 것을 권장한다. 이는 단순한 방문을 넘어 리더가 구성원과 신뢰를 쌓고 실시간으로 조직의 온도를 읽는 '감각적 리더십'의 출발점이다.

현장에서 태어난 리더십

우리나라에도 현장을 중시하는 경영자들이 적지 않다. 스타벅스 코리아의 이석구 전 대표는 6,000회 이상 매장을 방문하고 손수 커피를 내리거나 청소를 도맡기도 했다. 그의 재임 동안 스타벅스는 매장 수와 매출이 각각 4배와 7배 증가했다. 직원 수도 240배까지 늘어났다. 그는 매장을 방문해서 눈으로만 확인하지 않고 직접 현장을 경험하고 체감하는 리더였다. 이는 현장 경영 이론을 실제로 구현한 사례로 비형식적 소통과 물리적 동행이 리더십의 신뢰를 높일 수 있음을 보여준다.

K-팝 산업을 이끄는 리더들 또한 모두 현장 경험으로 단련된 인물들이다. SM의 이수만, YG의 양현석, JYP의 박진영, 하이브의 방

시혁은 모두 방송인, 댄서, 작곡가, 프로듀서로 현장을 경험한 뒤 경영자로 성장했다. 이들의 리더십은 각기 다르지만 공통된 특징은 '현장에서 출발했다.'라는 점이다.

SM의 이수만은 기술적 통찰을 바탕으로 글로벌 시장 전략을 세운 선구자형 리더였다. 그는 현지인을 아이돌 멤버로 합류시키고 유튜브와 같은 플랫폼의 미래 가능성을 일찍이 내다보았으며 현지 합작사를 설립해 글로벌 확산 전략을 구사했다.

YG의 양현석은 방목형 리더십을 고수하며 아티스트의 개성과 창의성을 존중하는 경영 스타일을 확립했다. 그는 서태지와 아이들에서 활동했던 경험을 바탕으로 긴 공백기를 전략적 요소로 활용하며 과도한 노출을 자제했다. 이러한 방식은 아티스트의 완성도와 대중의 기대감을 동시에 끌어올리는 데 효과적이었다.

JYP의 박진영은 밀착형 리더십의 표본이다. 그는 신인 아이돌과 곡 작업, 녹음, 퍼포먼스 훈련까지 함께한다. 현장을 단순히 관찰하는 것을 넘어서 직접 움직이며 방향을 잡는다. 이러한 리더십은 로버트 그린리프Robert K. Greenleaf의 '섬김의 리더십Servant Leadership' 이론과도 궤를 같이한다. 그린리프는 AT&T에서 40년간 인사 개발과 교육을 담당한 인물로 퇴직 후에는 리더십 철학자로 활동했다. 그는 1970년대 발표한 에세이에서 "훌륭한 리더는 먼저 봉사하는 자이며 리더십은 섬김에서 비롯된다."라고 주장했다. 이 이론은 리더가 명령하고 통제하는 존재가 아니라 먼저 조직원의 필요를 인식하고 그들의 성장을 도우며 공동체가 조직 전체의 목적을 이끄는 역할이어야 한다는 것을 강조한다.

하이브의 방시혁은 수평적 소통과 창작자 중심의 구조를 통해 BTS라는 전례 없는 성공을 이끌었다. 그의 리더십은 '조직문화' 개념을 정립한 조직심리학자 에드거 샤인의 이론과도 닿아 있다. 에드거 샤인Edgar H. Schein은 『조직문화와 리더십Organizational Culture and Leadership』에서 조직문화를 세 가지 층위로 설명한다. 첫째는 겉으로 드러나는 '가시적 인공물Artifacts'로 구성원의 행동, 언어, 복장, 공간 배치와 같은 조직 내 물리적 표현들이다. 둘째는 구성원이 공유하는 '가치Values'로 조직이 의사결정의 기준으로 삼는 신념과 철학을 의미한다. 셋째는 가장 깊은 수준의 '기본 가정Basic Assumptions'으로 사람들이 무의식적으로 내면화한 세계관이나 인간관 같은 전제들이다. 샤인은 이 중에서도 기본 가정이 변하지 않으면 조직문화는 근본적으로 바뀌기 어렵다고 강조한다. 조직문화 변화의 본질은 곧 이 무의식적 층위의 전환에 달려 있다고 봤다.

방시혁은 수평적 조직 구조를 도입하는 데 그치지 않고 '창작자와 콘텐츠 중심'이라는 깊은 기본 가정을 하이브 전반에 심었다. 예를 들어 BTS 멤버들은 앨범 기획 단계부터 회의에 참여하며 가사와 메시지를 함께 논의한다. 회사는 그들의 의견을 수렴하는 것은 물론 창작의 동등한 주체로 존중했다. 또한 하이브는 경영진이 직원에게 지시하는 대신 '우리는 음악을 믿습니다We Believe in Music.'라는 조직 철학 아래 기획자, 디자이너, 개발자 등 실무자 중심의 '멀티 레이블 체제'를 구축했다. 이는 구성원 각자가 창의적 리더가 돼야 한다는 기본 가정을 반영한 구조적 실천이었다.

이처럼 방시혁은 제도와 시스템보다도 먼저 '창작자 중심'이라는 심층 문화의 방향을 명확히 설정했다. 이 철학은 BTS의 자율성과 진정성, 나아가 글로벌 팬들과의 깊은 정서적 연결로 이어졌다. 그는 문화의 겉모습이 아니라 뿌리를 바꿈으로써 지속가능하고 독창적 조직문화를 만든 것이다.

경험 기반 학습

현장 출신이 반드시 좋은 경영자가 되는 것은 아니다. 하지만 현장 감각과 조직에 대한 감성적 이해가 뒷받침될 때 리더십이 더 강력하게 작용할 수 있다. 프로야구 LG트윈스의 염경엽 감독은 현역 시절 평범한 선수였다. 하지만 선수 은퇴 후 구단 운영팀장과 코치로 지내면서 선수 시절과는 다르게 현장을 경험했다. 그리고 SK와 이번스 구단의 단장으로 재직하면서 한국시리즈 우승을 이끌었다. 그 후 LG트윈스의 감독이 돼 다시 한번 한국시리즈 우승을 거머쥐었다. 그는 단순히 경기만 지휘하는 감독이 아니었다. 데이터 기반의 전략 운영과 체계적인 선수 관리 시스템으로 주목받았다. 조직문화를 개선하고 혁신적 리더십을 실현한 인물이었다.

음악계의 대표적 현장형 경영자인 김창환은 디제이 시절에 청중의 반응을 통해 히트곡의 패턴을 체득했다. 그는 김건모와 「핑계」

를 작업하며 레게나 흑인음악 등을 접목해 새로운 장르를 실험했고 이로써 대중가요의 흐름을 바꾸었다. 이는 미국 교육심리학자 데이비드 콜브David Kolb가 제창한 '경험 학습Experiential Learning' 이론을 생생하게 반영한 사례다. 콜브는 인간의 학습이 지식 전달이 아니라 경험을 통해 이뤄진다고 보았다. 그는 학습이 네 단계의 순환 구조, 즉 '구체적 경험 → 성찰적 관찰 → 추상적 개념화 → 능동적 실험'을 거친다고 주장한다. 김창환은 클럽에서 디제이로 일한 실제 경험을 바탕으로 대중의 반응을 성찰하고 이를 전략화해 음악 산업에 실험적으로 적용했다.

이해와 곁의 거리

현장은 음악 외의 산업에서도 중요한 경영 자산이다. 피자헛의 이승일 전 대표는 매장에서 배달, 서빙, 주방을 도맡으며 직원들과 함께 일했다. 그는 단순히 순시만 하지 않고 고객과 직원의 관점을 함께 경험하면서 경영 혁신의 실마리를 찾았다. 일본 무인양품MUJI 전 회장 마쓰이 타다미쓰는 모든 제품 기획의 출발을 '매장 탐방'에서 시작한다고 말한다. 그는 실제로 3일간 세정제 진열대를 관찰한 뒤 '무향 비누'를 제안했고 큰 성공을 기록했다. 오노 다이이치Taiichi Ohno는 미국 도요타의 린 시스템을 창시한 인물이다. 그는 '겐바現場 경영'이라는 개념을 내세우고 생산 현장에서 30분 이상 컨베이어 라인을 지켜보며 병목지점을 파악하는 시스템을 정립했다. 이는 보고 받는 것에 만족하지 않고 현장에서 직접 '문제의 본질'을 보는 철학에 가깝다. 넷플릭스는 오프라인이 아니라 온라인 시청자 데이터를 통해 히트 콘텐츠를 기획하는 대표 사례다. 실제로 「하우스 오브 카드」는 빅데이터를 가지고 시청 패턴을 분석해서 만든 작품이다.

현장을 강조한 리더십은 조직문화에도 영향을 미친다. 삼성정밀화학(현 롯데정밀화학)의 성인희 전 대표는 노조를 경영 파트너로 인식하며 경영 전략 회의에 노조가 참여하는 구조를 만들었다. 노사 공동으로 해외 사업을 준비하며 신뢰를 쌓기도 했다. 그가 퇴임하는 날 노조원들이 주주총회장에 꽃다발을 들고 와서 헹가래를 치는 장면은 현장 경영의 진정성이 만든 상징적 순간이었다. 이는 노사 협력이라는 구호를 넘어서 노사가 서로를 신뢰할 수 있는 존재로 받아들이게 된 조직에 '잠재된 신념', 즉 샤인이 말하는 가장 깊은 층위의 '기본 가정'이 변화한 사례로 해석할 수 있다. 노조가 퇴임하는 경영자를 헹가래로 축하하는 모습은 명문화된 규정보다 더 깊은 차원에서 신뢰를 바탕으로 형성된 조직문화가 실제로 작동하고 있음을 보여주는 장면이었다.

구글 창립자들이 매주 올핸즈 미팅을 통해 전 직원과 소통하는 시스템도 마찬가지다. 직원의 96%가 "나는 좋은 직장에서 일한다."라고 응답한 이들의 비결은 조직 내부의 심리적 거리를 최소화하는 소통 문화와 현장을 경영의 중심으로 놓은 태도에서 비롯됐다.

기업의 경영 전략은 결국 사람이 하는 일이다. 사람을 이해하기 위한 가장 빠른 길은 사람 곁에 서는 일이다. 그리고 그곳이 바로 현장이다.

# 4
축적의 힘

늦은 출발, 단단한 성공

"늦게 피는 꽃은 있을지언정 피지 않는 꽃은 없다."

난독증과 가난한 가정환경 속에서 중학교만 졸업하고 일용직 노동자로 살아오던 노태권 씨는 마흔의 나이에 수능 전 과목 만점을 받았다. 이 기적 같은 성공 뒤에는 "피지 않는 꽃은 없다."라는 말을 남긴 아내의 헌신이 있었다. 노 씨는 두 아들까지 서울대 장학생으로 키워내며 "늦은 출발이 오히려 더 단단한 성공을 만든다."라는 메시지를 사회에 던졌다.

이른 성공만이 가치 있는 성취로 여겨지는 시대에 중년 이후에야 빛을 본 사람들의 이야기는 오히려 오랜 축적과 깊은 경험이 맺은 결실이 얼마나 아름다울 수 있는지를 보여준다. 마크 저커버그와 같은 20대 창업가들이나 10대에 데뷔하는 아이돌의 세계에서 뒤늦은 출발은 낙오처럼 여겨지지만 실상은 전혀 그렇지 않다.

전인권과 최성원이 이끄는 밴드 들국화는 1985년에 데뷔했다. 당시 두 사람의 나이는 32세였다. 이들이 발표한 첫 앨범은 오늘날까지도 한국 대중음악사 최고 명반으로 꼽힌다. 70대가 된 지금도 창작 활동을 이어가는 이들의 완성도는 단기간에 도달할 수 없는 경지다. 배우 리드 버니Reed Birney는 2016년 토니상 수상 소감에서 "35년은 끔찍했고 나머지 8년은 환상적이었다."라고 고백했다. 이들은 '늦게 이룬 성공'이 가져다주는 자긍심과 지속성의 상징이다.

경영학에서 '후발주자의 이점Late Mover Advantage' 이론은 늦은 시작이 반드시 불리하지 않으며 오히려 기존 시장에서 나타난 한계를 극복하고 차별화 전략을 구사할 기회를 제공한다고 본다.

스티븐 리버맨Steven Lieberman과 데이비드 몽고메리David Montgomery가 제시한 '후발주자의 이점' 이론의 핵심은 다음과 같다. 후발주자는 선발주자가 겪는 비용 부담과 제품과 서비스에 대한 초기 시장 반응을 관찰함으로써 개선점을 발견할 기회와 최신 기술을 빠르게 적용할 수 있는 유연성 등에서 유리하다는 것이다. 특히 축적된 직무 경험, 고객 이해, 기술 진화가 맞물릴 때 더욱 강력해진다.

기업가들도 예외는 아니다. 48세에 일회용 면도기를 고안한 킹 C. 질레트King C. Gillette, 41세에 코카콜라 사업을 시작한 아사 캔들러Asa Candler, 42세에 혼다를 창업한 혼다 소이치로, 49세에 아디다스를 만든 아돌프 다슬러Adolf Dassler 등 모두 뒤늦은 시작으로 성공을 이룬 인물들이다. 이들은 하나같이 오랜 실패와 시행착오를 통해 지혜를 축적했다. 그리고 그것을 바탕으로 '지속가능한 성공'을 일궈냈다.

태도는 지속의 거울

가수이자 배우였던 임상아는 22세에 음악으로 성공한 후 26세에 패션 디자이너의 길로 인생의 방향을 전환했다. 15년간 새로운 영역에 집중한 끝에 40세에 세계적 디자이너로 자리매김했다. 그는 현실성 있는 목표를 찾고 긴 호흡으로 준비한 사람만이 이룰 수 있는 성취를 보여주었다. 또한 미국의 유명 요리 연구가 줄리아 차일드Julia Child는 30대에 요리를 시작했고 40대 후반에 저서 『프랑스 요리의 기술』을 출간했다. 그녀는 50대에 이르러서야 요리사로서 명성을 얻었는데 "유명해지는 것만이 성공은 아니다."라는 말을 남겼다. 단기간 성과보다 자신이 사랑하는 일에 대한 꾸준한 태도가 얼마나 중요한지를 웅변하는 말이다.

최근에는 42세에 글로벌 화장품 브랜드 코사스Kosas를 창업한 쉬나 야이타네스Sheena Yaitanes가 주목받는다. 그녀는 미용업계에서의 경험, 디자인 감각 그리고 늦은 창업가로서의 실용적 직관을 바탕으로 빠르게 시장을 확보했고 '클린 뷰티'의 아이콘으로 성장했다. 피지 시모Fidji Simo는 페이스북 앱 총괄과 식료품 배달 플랫폼 인스타카트 CEO를 거쳐 30대 후반의 나이에 오픈AI 애플리케이션 부문 CEO로 선임되며 실리콘밸리의 여성 리더십을 대표하는 인물로 떠오르고 있다.

심리학 기반의 리더십 이론 중 하나인 '자기 결정Self-Determination' 이론은 개인의 내적 동기와 지속가능한 성장을 이끄는 세 가지 핵심 요소로 자율성, 유능감, 관계성을 제시한다. 이 이론은 심리학자 에드워드 디시Edward Deci와 리처드 라이언Richard Ryan이 공동으로 제창한 것으로 인간은 외부의 보상보다 자기 내면에서 비롯된 동기를 통해 더 깊이 몰입하고 지속적으로 성장할 수 있다고 본다.

- 자율성: 자신이 스스로 선택하고 행동할 수 있다는 감각
- 유능감: 과제를 성공적으로 수행할 수 있다는 믿음
- 관계성: 타인과의 관계에서 소속감을 느끼는 경험

이 세 가지 조건이 충족될 때 사람들은 높은 수준의 몰입과 장기적 성취를 경험할 수 있다. 축적된 경험을 바탕으로 늦게 성공한 사람들의 자기주도성, 깊이 있는 인간관계, 내면적 성장의 특징과 맞닿아 있는 것이다.

가수 장사익은 45세에 데뷔했다. "요즘 다들 90세는 사니까 45세면 딱 좋을 때 시작한 거여."라며 유쾌하게 웃는다. 그의 말처럼

장사익은 오랜 시간 자신이 좋아하는 일을 해온 사람만이 가질 수 있는 단단한 자신감을 온몸으로 보여준다. 미국 영화 배우 모건 프리먼은 50세에 첫 주연을 맡았다. 52세에는 「드라이빙 미스 데이지」로 오스카 후보에 올랐다. 그의 사례는 늦은 시작이 오히려 진정으로 좋아하는 것을 선택할 기회를 제공한다는 사실을 잘 보여준다.

조지 포먼 George Foreman은 45세에 링에 복귀해 다시 세계 헤비급 챔피언에 올랐다. 그는 "마흔이라는 나이가 신의 은총이라는 사실을 아는 사람만이 인생의 챔피언이 될 수 있다."라고 말했다. 그는 2025년 3월 21일 76세의 나이로 세상을 떠났다. 그는 링 위의 전설이자 링 밖에서 성공한 기업가로서 많은 사람에게 늦은 성공의 상징으로 긴 여운을 남겼다. 가수 최백호도 68세에 『불혹』이라는 앨범을 내며 "음악적 나이는 이제 마흔"이라고 선언했다. 그는 음악에도 배우의 '노역老役'과 같은 역할이 필요하다고 말하며 축적과 시간이 예술에 주는 깊이를 강조했다.

견딤의 내면화

이제 기업과 사회의 시선도 바뀌어야 한다. 늦은 성공은 우연이 아니라 축적의 결과다. 실패를 견뎌낸 자만이 얻을 수 있는 지혜, 지속가능한 성공을 위한 현실적 목표, 진심 어린 자기 탐색, 생각에 머무르지 않고 실행하는 용기. 이 모든 것은 빠른 성공이 놓치기 쉬운 요소다.

경영학에서는 이런 '축적 기반의 경쟁우위'를 '지속가능한 경쟁우위Sustainable Competitive Advantage'로 설명한다. '지속가능한 경쟁우위'는 경영학자 제이 바니Jay Barney가 제창한 개념이다. 기업이 장기적으로 높은 성과를 유지하려면 다음 조건을 갖춰야 한다고 본다.

- 가치: 시장에서 가치 있는 제품이나 서비스를 제공할 것
- 희소성: 경쟁사가 쉽게 모방할 수 없는 자산을 보유할 것
- 모방 불가능성: 다른 기업이 모방하기 어려운 특성을 가질 것
- 조직화: 위 조건들에 해당하는 자산을 효과적으로 활용할 수 있는 조직 능력을 갖출 것

제이 바니는 특히 '조직 내재적 자산Intangible Resources', 즉 경험, 지식, 관계망, 브랜드 이미지 같은 무형자산이야말로 진정한 경쟁력을 만든다고 강조했다. 늦은 성공을 이룬 리더들은 바로 이런 내면화된 자산을 통해 일시적인 기술이나 자본이 아니라 지속가능하고 독자적인 성공을 구축한 인물들이다.

이제 기업과 사회는 '속도'나 '조기 성과'보다 '지속성'과 '내실 있는 축적'을 중시하는 시각으로 전환해야 한다. 무조건 빠르게 성과를 내는 문화보다 오랜 시간에 걸친 축적을 존중하고 기다릴 줄 아는 리더십이 어느 때보다 절실하다. 인생 1막과는 전혀 다른 제2

의 곡선을 타고 올라오는 사람들의 견고함이야말로 조직과 사회를 더욱 단단하게 만든다.

5
부모, 리더십의 원형

유대와 공감의 리더십

이른 아침 아파트 엘리베이터는 층마다 멈춘다. 졸린 눈으로 엘리베이터에 올라타는 아이들은 대부분 부모와 함께한다. 길만 건너면 도착할 학교지만 부모들은 그 짧은 거리를 믿지 못한다. 더 정확히 말하면 그 거리를 지나는 세상을 믿지 못한다. "학교 다녀오겠습니다." "그래, 잘 다녀와."라는 익숙한 인사는 이제 일상에서 자취를 감췄다.

하교 시간이면 아파트 경비실 앞은 엄마들의 '정보 허브'로 변하고 노란색 학원버스는 고객을 태우기 위해 줄지어 선다. 교육이

'투자'이자 '통제'로 변질된 교육 현실을 배경으로 2008년 아카데미 음악상 수상자이자 「토이 스토리」 시리즈의 OST 작곡가인 랜디 뉴먼Randy Newman은 앨범 『하프 앤드 에인절스Harp and Angels』의 수록곡 「코리언 페어런츠Korean Parents」을 통해 이 같은 풍경을 풍자했다. "바이올린 배우러 가야지. 숙제는 제시간에 해야지."라는 여성의 목소리가 삽입된 이 곡은 한국의 교육열을 희화화했다는 비난을 받았고 급기야 인종차별 논란으로까지 번졌다. 그러나 역설적으로 많은 한국 청중이 이 노래의 메시지에 공감하거나 반성했다는 점은 주목할 만하다.

통제와 개입이라는 자녀 교육 방식은 시대와 문화를 막론하고 반복돼 왔다. 낭만주의 작곡가 슈만은 음악과 문학에 심취했으나 아버지의 뜻에 따라 법학을 공부해야만 했다. 핀란드의 작곡가 시벨리우스 또한 법대를 거쳐 음악가가 됐다. 이러한 역사적 사례는 자녀의 재능이 부모의 신념이나 불안으로 억눌렸을 때 어떤 결과가 생기는지 경고한다. 자녀가 처음 만나는 리더는 부모이며 가족은 그가 처음 속한 조직이다. 심리학자 커트 루인Kurt Lewin에 따르면 부모의 양육 방식은 권위형, 자유방임형, 민주형의 세 가지 리더십 유형으로 구분된다. 이러한 양육 태도는 자녀의 정서 발달과 사회적 성장에 깊은 영향을 미친다.

커트 루인이 세 가지 유형으로 제시한 부모의 양육 방식 중 첫째, '권위형 리더Autocratic leader'는 명령과 통제를 기반으로 하며 자율성과 감정 표현을 제한하는 경향이 있다. '소울의 왕자'로 불렸던 마빈 게이Marvin Gaye의 아버지 마빈 게이 시니어는 바로 그런 권위적 양육의 상징적 인물이었다. 그는 아들의 감정과 창의성을 억압하며 갈등을 키웠고 이는 결국 비극적인 결말로 이어졌다. 둘째, '자유방임형 리더Laissez-faire leader'는 커트 코베인Kurt Cobain의 아버지처럼 개입을 거의 하지 않아 정서적 유대를 약화시킨다. 셋째, '민주형 리더Democratic leader'는 스티비 원더Stevie Wonder의 어머니처럼 자녀의 의견과 감정을 존중하며 신뢰 기반의 관계를 형성한다. 이러한 구분은 자녀의 성장 방식은 물론 조직 내 리더십 유형과도 깊은 관련이 있다.

가장 극단적인 예는 마빈 게이의 사례다. 그의 아버지 마빈 게이 시니어는 오순절 교회의 목사였으며 종교적 신념과 권위주의가 뒤섞인 인물이었다. 그는 아들의 음악을 '세속적이고 악마적인 것'으로 규정했고 끝내 총으로 아들을 살해하기에 이른다. 마빈 게이의 음악 전반에는 어린 시절부터 지속된 학대와 소외, 그리고 인정받고자 하는 욕구와 깊은 불신이 스며 있다. 그의 예술은 음악적 유산으로 후대에 남겨졌으나 인간의 인격이 짓밟힌 비극적 서사를 담고 있다.

얼터너티브 록의 전설 커트 코베인은 아버지의 무관심 속에서 성장했다. 너바나Nirvana의 곡 「서브 더 서번츠Serve the Servants」에서 그가 남긴 가사 "I tried hard to have a father, but instead I had a dad."는 '나는 아버지를 가지려고 애썼지만, 결국 내가 가진 건 그냥 아빠였어.'로 번역할 수 있다. 단순히 생물학적 존재에 그친

'아빠'가 아니라 진심으로 연결된 '아버지'를 원했던 아이의 절절한 외침처럼 들린다. 이 가사에는 부모에 대한 기대, 실망, 감정적 거리감이 명확히 드러난다. 그는 결국 스스로 파괴적 창의성과 함께 짧은 생을 마감했다. 비틀스의 존 레논도 어린 시절 부모의 이혼과 방임 속에 성장한 인물이다. 아버지는 가정을 떠났고 어머니 줄리아 레논은 그를 이모에게 맡긴 채 간헐적으로만 찾아왔다. 하지만 줄리아는 레논이 청소년기였을 때 돌연 찾아와 모정을 쏟기 시작했는데 얼마 지나지 않아 교통사고로 세상을 떠났다. 이 사랑과 상실의 급격한 전환은 그의 정서에 큰 영향을 끼쳤으며 「머더Mother」 「줄리아Julia」 등 자전적인 곡들로 표현됐다. 그의 음악 속에는 부모에 대한 그리움, 분노, 화해의 감정이 복합적으로 공존한다.

반면 부모의 통제를 극복하고 자신의 삶을 찾은 인물도 있다. 재닛 잭슨Janet Jackson은 통제적인 아버지 조 잭슨Joe Jackson의 지배에서 벗어나 독립적 음악 세계를 구축했다. 비요크Björk는 히피 성향의 예술가 부모를 둔 불안정한 환경 속에서 자아를 탐구했다. 이들은 불안정함을 예술의 원천으로 삼았다. 심리학자 대니얼 골먼Daniel Goleman의 '감성지능Emotional Intelligence' 이론에 따르면 감정적 유대감과 공감 능력을 갖춘 리더는 구성원과의 신뢰를 기반으로 강한 조직적 연대감을 형성한다. 이러한 신뢰와 공감의 리더십은 건강하고 지속가능한 조직문화를 구축하는 핵심 요소로 작용한다. 부모와 자녀의 관계도 마찬가지다. 스티비 원더는 태어나자마자 세상의 빛을 잃었다. 미숙아로 태어난 그는 인큐베이터의 산소 과잉 공급으로 시신경이 손상됐고 시력을 영구히 잃었다. 그러나 그의 인생에서 가장 먼저 세상에 대한 감각을 회복시켜 준 사람은 어머니 룰라 메이 하더웨이Lula Mae Hardaway이었다.

하더웨이는 아들의 장애를 운명으로 받아들이지 않았다. 그녀는 "우리 아들은 앞을 보지는 못하지만 세상을 들을 수 있다."라고 말하며 아들이 가진 청각 감수성을 믿고 지지했다. 스티비 원더가 세 살 무렵 냄비를 두드리며 박자를 맞출 때 대부분 부모라면 장난으로 넘겼겠지만 하더웨이는 음악적 가능성을 발견했다. 이후 그녀는 아들에게 하모니카, 드럼, 피아노를 차례로 접하게 했다. 스티비 원더는 여덟 살에 교회에서 오르간을 연주하기 시작했다.

스티비 원더는 어머니의 따뜻한 공감과 예민한 감정 읽기를 통해 청각이라는 감각의 우주를 확장했고 전 세계 수억 명의 청중과 소통하게 됐다. 그의 음악은 단순한 멜로디를 넘어 감정을 해석하고 치유하는 언어로 기능한다. 룰라 메이 하더웨이가 없었다면 스티비 원더라는 이름도 음악사에 존재하지 않았을 것이다. 그는 어머니에게 헌정하는 곡 「유 아 더 선샤인 오브 마이 라이프You Are the Sunshine of My Life」와 「아임 유어 베이비 투나이트I'm Your Baby Tonight」 그리고 어머니가 세상을 떠난 후 깊은 그리움을 담은 곡 「셸터 인 더 레인Shelter In the Rain」를 남겼다.

빌리 조엘은 피아니스트였던 아버지 덕분에 감수성 풍부한 환경에서 성장할 수 있었다. 그의 곡 「럴러바이Lullaby(Goodnight, My Angel)」에는 '언젠가 우리 모두 떠나지만 자장가는 계속될 거야.'라는 가사가 나오는데 부모로부터 받은 사랑의 연속성과 영속성을 노래했다. 스티비 원더와 빌리 조엘의 사례처럼 감성지능이 높은 부모는 자녀의 감정과 가능성을 읽고 지지하며 창조력을 자극한다.

실패의 자산화

하버드 경영대학원의 조직행동학 교수 에이미 에드먼드슨은 저서 『두려움 없는 조직』에서 '심리적 안전감psychological safety' 개념을 제시했다. 그녀는 창의성과 학습이 이뤄지기 위해서는 실패를 두려워하지 않고 의견을 자유롭게 낼 수 있는 환경이 중요하다고 강조했다. 이는 부모와 자녀 간 관계에도 유효하다. 부모가 자녀에게 안전한 정서적 공간을 제공할 때 자녀는 실패를 두려워하지 않고 자율적으로 학습하고 성장할 수 있다.

부모는 음악가가 처음 속하는 조직의 관리자이자 리더다. 이는 리더십 이론가 폴 허시와 켄 블랜차드의 '상황적 리더십Situational Leadership' 이론과도 연결된다. 이 이론은 구성원의 성숙도에 따라 리더십 스타일이 바뀌어야 한다고 말한다. 부모 역시 자녀가 스스로 선택할 수 있을 만큼 성장했을 때 간섭이 아니라 지원과 코칭으로 전환해야 한다. 정명화, 정경화, 정명훈 남매를 키운 이원숙 여사의 양육 방식은 이러한 유연한 리더십의 모범적 사례다. 이원숙 여사는 세 가지 철학을 실천했다. 첫째, 아이가 자신에게 맞는 것을 찾도록 돕는다. 둘째, 스스로 좋아하고 선택할 때까지 기다린다. 셋째, 결심하면 가장 효과적인 방법으로 돕는다. 그녀는 자녀를 예술가로 만드는 것을 목표로 삼기보다 아이가 스스로를 발견하고 성숙하게 성장하도록 곁에서 조용히 돕는 리더였다.

성장은 학습의 결과

가수 이적의 어머니 박혜란 씨는 이화여자대학교 여성학과 교수로 재직했던 시절 스스로를 '불량 엄마'라 불렀다. 그는 세 아들을 서울대학교에 보냈지만 간섭하지 않았다. 그녀는 "자식을 키울 생각 말고 자신을 키우면서 아이들이 자라는 모습을 그저 따뜻한 눈으로 바라보라."라고 말하며 부모의 자율성과 신뢰가 자녀의 건강한 성장을 이끄는 핵심임을 보여준다. 이는 스탠퍼드대학교 심리학자 캐럴 드웩이 제안한 '성장 마인드셋Growth Mindset' 이론과 맞닿는 말이다. 이 이론은 인간의 능력은 타고난 것이 아니라 노력과 지속적 학습을 통해 발전할 수 있다는 믿음을 바탕으로 한다. 조성진이 음악을 하며 힘든 순간이 없었다고 말한 배경에도 믿고 기다려준 부모의 역할이 크게 작용했을 것이다.

한국인 최초로 쇼팽 콩쿠르에서 우승한 피아니스트 조성진은 "좋아하는 일이 직업인 것에 늘 감사하고 음악을 하며 힘든 순간은 한 번도 없었다."라고 말했다. 그의 말에는 음악가로서 성장 과정에 부모의 역할이 얼마나 중요했는지 녹아 있다. 자기 인생을 스스로 선택할 수 있도록 지지하고 응원한 부모의 태도가 한 명의 예술가를 탄생시킨 것이다.

부모는 자녀가 만나는 최초의 리더이자 가장 중요한 존재다. 자식을 키우는 부모보다 자신을 키우는 부모가 되기 위한 노력이 절실한 시대다.

2장
보이지 않는 조력자, 조직의 힘

1
진정한 조력자의 가치

보이지 않는 성공의 주역

사람은 누구나 주인공을 꿈꾼다. 배우는 조연보다는 주연, 기업인은 CEO, 예술가는 무대의 중심을 지향한다. 데이비드 즈와이그는 미국의 작가이자 칼럼니스트로 '보이지 않는 사람들의 성취'를 주제로 다양한 사회적 사례를 조명한 인물이다. 그는 저서 『인비저블』에서 조력자, 기술자, 조율자 등 이름 없는 전문가들이 어떻게 조직과 사회를 지탱하는지를 탐구하며 이들이야말로 진정한 성공의 주역이라고 강조한다.

성공한 리더 곁에는 늘 묵묵히 문제를 해결하고 조직의 가능성을 실현하는 조력자가 있다. 음악계 역시 마찬가지다. 우리에게 익숙한 명곡들 뒤에는 이름을 알 수 없는 조연들이 존재했고 그들의 노력이 없었다면 주인공도 무대 위에서 빛날 수 없었을 것이다.

군림하지 않는 리더

조력자의 역할은 경영학에서도 중요한 리더십 모델로 이론화돼 있다. 대표적으로 '섬김의 리더십'과 '레벨 5 리더십 Level 5 Leadership' 이 그것이다.

로버트 그린리프는 "진정한 리더는 먼저 섬기는 자이며 타인의 성장을 돕는 데서 리더십이 시작된다."라고 말했다. 리더십의 본질을 권력이 아니라 책임으로 본 것이다. 그는 '섬김'이란 단어가 리더십에서 낯설게 들릴지 몰라도 타인을 성장시키는 데 가장 효과적인 방식이라고 강조했다. 타인을 성장시키는 것이 리더십의 핵심이기 때문이다. 이 개념은 특히 교육자, 멘토, 기술자, 스태프처럼 보이지 않는 자리를 지키는 이들의 역할을 정당하게 조명한다. 음악계의 기술자, 조율자, 교육자는 이러한 '섬김형 리더'로서 무대 뒤에서 실력, 감각, 환경을 정비하며 주인공을 빛나게 만든다.

짐 콜린스는 저서 『좋은 기업을 넘어 위대한 기업으로』에서 '레벨 5 리더'란 '개인적 겸손'과 '전문적 의지'를 동시에 갖춘 인물이라고 설명한다. 이들은 자신을 드러내기보다는 팀의 성과에 초점을 맞춘다. 위기가 닥쳤을 땐 책임을 떠맡고 성공했을 땐 공을 타인에게 돌린다. 이들은 스포트라이트보다 완성도에 집착하며 조직의 지속가능한 발전을 위해 헌신한다.

이 두 이론은 조직과 성과의 관점에서 '조력자'의 존재와 가치를 분명하게 뒷받침해준다. 조력자는 음악이라는 집단 창작의 영역에서 보이지 않는 설계자이자 조율자이며 진정한 리더의 모습을 보여주는 존재다.

이정선, 대가 없는 헌신

1970년대에는 거의 모든 동네에 하나쯤은 기타 교습소가 문을 열고 있었다. 외국 교재를 스스로 번역하며 손끝으로 음악을 배워야 했던 소년들에게 『이정선 기타 교실』은 단순한 입문서가 아니라 대중음악을 체계적으로 익힐 수 있게 한 첫 번째 국산 교육 콘텐츠였다. 이정선은 1974년 포크 앨범 『섬소년』으로 데뷔한 후 가수, 작곡가, 편곡자, 교육자로서 다면적인 음악 여정을 걸어왔다.

그는 외국 교본에 의존하던 기타 교육에 한계를 느끼고 1991년 직접 음악 출판사를 설립해 실전 중심의 체계적인 교본을 출판했다. 그 교본은 다양한 장르의 연주법, 연습곡, 이론, 과제곡으로 체계화돼 한국형 기타 교육의 기준이 됐다. 유튜브를 통해 쉽게 레슨을 접할 수 있는 오늘날에도 그의 교본은 여전히 많은 기타리스트에게 신뢰받는 '기초 체계'로 기능한다.

이정선은 단순한 연주자나 싱어송라이터가 아니었다. 그는 기타리스트로서 수많은 음악 꿈나무들에게 손끝의 감각과 음악적 감성을 전하며 실력을 길러준 진정한 조력자였다. 그의 이름은 무대 위에서 크게 드러나지 않았다. 하지만 그의 가르침은 음악 교육의 든든한 밑거름이 돼 수많은 무명의 기타리스트들이 자신의 음악을 시작할 수 있게 했다.

조동익, 음악의 본질을 만나다

1985년 종로의 파고다 극장에서 열린 들국화 공연. 낯선 두 명의 뮤지션이 오프닝 무대에 등장해 말없이 애국가를 연주했다. 바로 훗날 '어떤 날'의 멤버 조동익과 이병우였다. 1986년 결성된 '어떤 날'은 한국 대중음악사에서 실험성과 예술성을 동시에 인정받은 전설적 듀오다. 록, 재즈, 전자음악, 포크의 경계를 넘나들며 "소리로 그림을 그린다."라는 평가를 받았다. 그들은 당시 주류 대중가요의 문법을 벗어나 섬세하고도 세련된 사운드로 후대 인디 음악에 지대한 영향을 미쳤다.

조동익은 편곡자로 활동하며 김광석의 「서른 즈음에」 「일어나」 「나의 노래」 등 수많은 명곡의 음악적 완성도를 높이는 데 기여했다. 그러나 그는 매체에 거의 등장하지 않고 자신의 공로를 드러내지 않았다. 편곡은 곡의 해석이며 음악의 설계다. 전주를 만들고 악기 배치를 조정하며 가창과 반주의 균형을 맞추는 중요한 작업이다. 「서른 즈음에」의 트럼펫과 「일어나」의 리듬감 등은 모두 그의 손끝에서 탄생했지만 그는 어떤 포상이나 유명세도 바라지 않았다. 오직 음악의 완성도에만 집중하는 진정한 조력자였다.

예술의 본질, 옳음을 향한 태도

"사람들이 알아주는 건 피아니스트일 뿐이라도 내 피아노 소리에 열광하는 거잖아요."

피츠버그 교향악단의 피아노 조율사 피터 스톰프Peter Stump가 한 말이다. 피아노는 88개 건반에 평균 230개의 현이 있다. 이들을 정밀하게 조율하는 작업은 귀와 손의 민감한 직관이 요구되는 전문 영역이다.

조율이란 단지 음을 맞추는 것이 아니다. 그것은 연주자가 자신의 감성과 기량을 온전히 발휘할 수 있도록 악기 전체의 컨디션을 정비하고 최상의 반응성을 만들어주는 일이다. 이는 곧 '무대를 준비하는 직업정신'이며 아티스트를 성공으로 안내하는 또 하나의 비가시적 작업이다.

2만 4,000곡 이상의 가요 음반에 세션 연주자로 참여한 드럼 연주자 강수호는 녹음 전 직접 장비를 세팅하고 드럼을 조율하며 10여개의 스네어를 시험하고 마이크를 손수 챙긴다. 그는 말한다.

"아직도 나는 소리를 알아가는 과정에 있다."

그는 예술에서 가장 중요한 것은 기술이 아니라 정성과 태도라는 사실을 온몸으로 보여주고 있다.

교사의 창조적 자아 교육

프랑스의 작곡가이자 교육자인 나디아 불랑제Nadia Boulanger는 세계적 거장들의 음악적 스승이었다. 그는 파리음악원에서 작곡과 오르간을 공부했고 깊이 있는 이론 교육과 섬세한 통찰을 통해 수많은 제자와 음악가가 자신의 음악적 언어를 발견하고 성장할 수 있도록 이끌었다. 그녀는 조지 거슈윈에게 "브람스를 흉내 내지 말고 너 자신이 돼라."라고 조언했다.

불랑제는 '선생이 할 수 있는 일이란 제자가 여러 도구를 만질 힘을 길러주는 것이다.'라는 철학을 지녔다. 특히 아스토르 피아졸라Astor Piazzolla에게 "네 안의 진짜 목소리는 이 탱고에 있다."라고 말했다. 이 말은 교사의 역할이 지식을 전달하는 것인 동시에 창조적 자아를 깨우는 일임을 드러낸다. 그녀는 자신의 성취보다 제자의 성장에 헌신했으며 음악계의 영원한 조력자로 남았다.

이와 유사한 헌신의 길을 걸은 또 다른 음악 교육자는 일본의 스즈키 신이치다. 그는 '스즈키 교육법'으로 잘 알려진 음악 교육법의 창시자다. 그는 음악이 언어처럼 자연스럽게 배울 수 있는 것이라고 믿었으며 "음악 교육은 기술을 가르치는 것이 아니라 인간을 만드는 일이다."라고 말했다.

조용한 헌신, 성공의 토대

기업과 음악은 닮아 있다. 무대에 선 한 명의 연주자 뒤에는 조율자, 기술자, 제작자, 스태프 등 수많은 조력자의 손길이 존재한다. 그들의 보이지 않는 협업이 음악을 완성하듯 기업의 성과 또한 드러나지 않는 이들의 조화로 빛난다. 1984년 미국 최초로 에베레스트를 정복한 루 휘태커Lou Whittaker 대장은 "내 임무는 대원들을 정상에 올리는 것이다."라고 말했다. 이 말은 오늘날 수많은 '보이지 않는 조력자'가 진정한 성공의 토대임을 상기시킨다.

비틀스의 프로듀서 조지 마틴은 초기 앨범에서 멤버들의 미숙한 키보드 실력을 보완하기 위해 직접 연주에 참여해 녹음하기도 했다. 그리고 「예스터데이Yesterday」「엘리너 릭비Eleanor Rigby」「스트로베리 필즈 포에버Strawberry Fields Forever」「어 데이 인 더 라이프A Day in the Life」 등에서 현악 편곡과 오케스트레이션을 통해 비틀스 음악의 예술성을 확장하는 데 결정적 역할을 했다. 하지만 그는 자신의 조력을 자랑하지 않았다. 그저 비틀스가 만드는 음악의 배경이자 성공의 기초가 되는 사람으로 남기를 선택했다.

조력자란 이름의 의미는 어쩌면 그리 대단해 보이지 않는다. 하지만 그 역할은 위대하다. 그들은 스포트라이트 밖에서 움직이지만 그 누구보다 강한 열정과 헌신으로 주인공을 만들어낸다. 그리고 우리는 그 조용한 헌신 속에서 성공의 본질을 다시 생각하게 된다.

2
창조 조직의 영감

제약 속 창의성

 사람은 누구나 억울하다고 말하지만 20세기의 모든 인종 중 흑인만큼 구조적 불평등과 모욕을 견뎌낸 인종이 또 있을까? 고향을 떠나 억울하게 노예로 끌려왔고 링컨 대통령이 1863년 노예 해방을 선언한 이후에도 진정한 자유와 존엄은 허락되지 않았다. 그러나 바로 그 흑인들이 오늘날 전 세계 대중음악의 뿌리를 이뤘다는 사실은 깊은 아이러니이자 위대한 반전이다. 록, 재즈, 리듬 앤 블루스, 힙합, 팝 등 현대 음악의 주요 장르 가운데 흑인의 손길 없이 태어난 것은 하나도 없다.

그중에서도 1959년 흑인 사업가 베리 고디 주니어Berry Gordy Jr.가 디트로이트에 설립한 모타운 레코드Motown Records는 흑인 음악의 시장에서의 제약을 극복하며 마이클 잭슨(잭슨5), 스티비 원더, 마빈 게이, 다이애나 로스Diana Ross, 라이오넬 리치Lionel Richie 등 시대를 대표하는 아티스트를 배출했다.

고디는 포드 자동차 공장에서 일한 경험을 바탕으로 음악 제작에 공장의 생산 시스템을 도입했다. 웨스트 그랜드 대로 2648번지에 있는 '히츠빌 USA'는 외관은 평범한 주택이었지만 내부는 철저한 분업과 협업의 공간이었다. 지하는 녹음실, 1층은 작곡가의 작업실, 2층은 연습실, 3층은 매너 교육장으로 활용하며 하나의 작은 공장처럼 운영했다.

고디는 '젊은 미국의 소리'를 표방하며 흑백을 초월한 대중음악을 지향했다. 그의 곡 선정 기준은 명확했다. 첫째, 10초 안에 귀를 사로잡는 음악이어야 한다. 둘째, 누구나 공감할 수 있는 일상적 가사여야 한다. 셋째, 후렴을 반복한다. 넷째, 춤추기 쉬운 리듬이어야 한다.

이 접근은 '경계 안의 창의성Bounded Creativity' 개념과도 맞닿는다. 완전한 자유보다 일정한 제약 아래에서 창의성이 더 잘 발휘된다는 조직행동이론이다. 심리학자 테레사 애머빌Teresa M. Amabile은 저서 『창조의 조건』에서 일정 수준의 제약이 오히려 몰입과 창의적 문제 해결을 유도한다고 주장했다. 이 이론은 『하버드 비즈니스 리뷰』 등에서 기업의 창의성 관리 사례로 자주 인용된다. 오늘날 구글, 넷플릭스와 같은 창의 기반 기업의 프로젝트 운영 방식에서도 그 유용성이 증명되고 있다.

에이미 에드먼드슨은 이러한 반복적 실험과 피드백이 가능한 조직을 '학습하는 조직Learning Organization'이라 정의한다. 그녀는 저서 『티밍』에서 기존의 고정된 팀 개념을 넘어서는 새로운 관점을 제시했다. 고정된 팀이 아니라 유동적인 협업 관계 속에서 빠르게 학습하고 민첩하게 대응하는 조직문화를 강조한 것이다. 피드백과 개선이 가능한 시스템은 구성원 간 협업을 촉진하고 집단 창의성을 유도한다. 모타운 레코드의 작곡팀은 제한된 시간, 특정 음역, 라디오 방송 적합성 등의 틀 안에서 곡을 만들어야 했기에 오히려 더욱 정제되고 완성도 높은 결과물을 만들어낼 수 있었다.

이러한 '경계 안의 창의성'은 현대 기업의 제품 개발에도 통용된다. 예컨대 다이슨은 '날개 없는 선풍기'라는 내부적 제약을 설정함으로써 기존의 고정관념을 뒤엎는 창의적 제품을 만들어냈다. 또 다른 사례로는 세계적 디자인 컨설팅 기업 아이디오IDEO가 있다. 아이디오는 프로젝트마다 다양한 배경의 전문가들이 팀을 구성해 문제 해결에 나서며 실시간 피드백과 반복적 실험을 통해 창의적 해법을 도출한다. 그들은 '더 빨리 성공하려면 자주 실패하라Fail often to succeed sooner.'라는 철학에 따라 안전하게 실패할 수 있는 제약과 틀을 조직 내부에 마련함으로써 혁신을 일상화했다. 제약은 억압이 아니라 오히려 창의적 돌파구가 될 수 있다.

일관성 있는 브랜드 내러티브

모타운 레코드는 음반사를 넘어 하나의 브랜드였다. 고디는 스튜디오를 폐쇄적으로 운영했다. 스튜디오 안에서 모든 것을 해결함으로써 창작의 집중도와 질을 극대화하려 했다. 이는 마치 록히드마틴의 혁신 조직 스컹크웍스Skunk Works처럼 외부 간섭 없는 환경 속에서 높은 성과를 창출하는 구조였다. 스컹크웍스는 제2차 세계대전 중 록히드마틴이 전투기 개발을 위해 극비리에 만든 소규모 독립 조직이었으며 제한된 자원과 짧은 기간에도 혁신적 성과를 낸 사례로 알려져 있다. 이 조직은 자율성, 집중력, 빠른 의사결정을 통해 기성 체제의 한계를 돌파한 대표적 성공 모델이었다. 모타운 레코드의 작곡팀은 백인의 귀에도 편안한 화성 구조와 선율을 택했지만 감정의 리듬과 표현은 분명히 흑인의 것이었다. 이는 단순한 '모방'이 아니었다. 문화적 '번역'이자 예술적 '융합'이었다.

또한 고디는 아티스트를 브랜드처럼 기획했다. 이름, 복장, 말투, 걸음걸이까지 하나의 정체성으로 구성했다. 스티비 원더는 본명 스티브랜드 하더웨이 모리스Stevland Hardaway Morris가 아니라 '리틀 스티비 원더Little Stevie Wonder'로 데뷔했다. 이 이름 덕분에 시각장애 소년은 '경이로움의 상징'이 됐다. 마찬가지로 이러한 모타운 레코드의 철학을 반영해 프라이메츠The Primettes는 '최고'라는 뜻의 슈프림스The Supremes로, 마타도어스The Matadors는 '기적'이라는 뜻의 미라클스The Miracles로 개명됐다.

이러한 전략은 현대 브랜딩 이론에서 말하는 '통합적 브랜드 관리Integrated Brand Management'와 일치한다. 브랜드 경영 전문가 케빈 레인 켈러는 저서『전략적 브랜드 관리』에서 브랜드는 제품을 넘어 심리적 이미지와 상징적 의미까지 일관되게 관리해야 한다고 강조했다. 이름, 외형, 태도 등 모든 접점이 하나의 이야기로 연결될 때 브랜드 파워가 강화된다는 것이다. 모타운 레코드는 이 개념을 실천한 선구자였다.

무대 위 의상도 치밀하게 연출됐다. 남성은 단정한 턱시도를, 여성은 우아한 드레스를 입어 세련된 이미지를 완성했다. 모든 아티스트는 백악관이나 카네기홀에서 공연한다고 가정하고 행동하라는 무대 매너 교육을 받았다. 이는 '모든 구성원은 브랜드의 대표자'라는 현대 브랜딩 이론과 일맥상통한다.

브랜드 컨설턴트 니콜라스 인드Nicholas Ind는 저서『브랜딩 거버넌스Branding Governance』에서 내부 구성원을 브랜드 대사Ambassador로 만드는 전략을 제시했다. 이 전략은 조직 구성원 전체를 브랜드 옹호자로 만드는 '내부 브랜딩' 개념과 연결된다. 인드는 브랜드의 일관성과 진정성은 외부 광고가 아니라 내부 구성원이 브랜드 가치를 몸소 실천하는 데서 비롯된다고 설명한다. 모타운은 아티스트의 태도, 자세, 심지어 말투까지 교육해 브랜드를 '살아 있는 존재'로 만들었다. 모타운 레코드는 이 '내면화된 브랜딩'의 모범 사례였다. 고디가 모든 구성원에게 카네기홀에서 공연한다는 마음으로 임하도록 강조한 것은 '브랜드 마인드셋'을 심는 일이었다.

음악적·심리적 훈련 체계

"우리는 디트로이트의 흑인 뮤지션이 아니라 세계적인 슈퍼스타다."

고디는 직원과 아티스트 모두에게 이렇게 말했다. 구성원의 자존감과 비전을 확장하는 메시지였다. 고디의 리더십은 심리학자 앨버트 반두라Albert Bandura의 '자기효능감Self-Efficacy' 이론으로 설명할 수 있다.

반두라는 저서 『자기효능감: 통제력 행사Self-Efficacy: The Exercise of Control』에서 인간의 동기, 성취, 감정적 안정성의 핵심에는 '자신이 과제를 성공적으로 수행할 수 있다는 믿음'이 자리하고 있다고 강조했다. 그는 자기효능감을 높이는 네 가지 방법을 제시했다. 직접 성공 경험, 타인의 경험을 통한 대리 학습, 언어적 설득, 정서적 안정이다. 이 네 가지는 개인의 태도 변화는 물론 집단과 조직의 성과 향상에도 결정적인 영향을 미친다. 모타운 레코드는 아티스트들에게 무대 경험을 반복적으로 제공하고, 동료의 성공을 공유하고, 끊임없이 긍정적 메시지를 주입하고, 공동체적 유대감을 조성함으로써 이 모든 요소를 체계적으로 강화했다.

좀 더 구체적으로 살펴보자. 첫째, 직접 성공 경험을 위해 히트곡 발표나 콘서트 성공 등 실질적 성과를 공유했다. 둘째, 대리 경험을 위해 동료의 성공을 가까이서 목격하도록 해서 희망과 자극을 주었다. 셋째, "넌 스타야."라는 격려가 일상어처럼 오가는 환경을 만듦으로써 언어적 설득을 했다. 넷째, 폐쇄형 집중 시스템과 공동체적 유대감으로 정서적 안정을 느끼도록 했다. 모타운 레코드는 자기효능감을 높이는 네 가지 요소에 더해 '상상 훈련'이라는 독특한 방식을 도입했다. 이는 무대에 선 자신의 성공 장면을 머릿속에 그려보는 연기 훈련과 퍼포먼스 교육을 통해 아티스트가 무대 위에서 스스로를 더 강하게 믿도록 만드는 과정이었다.

이처럼 모타운 레코드는 음악적 훈련 못지않게 심리적 훈련과 동기부여 시스템을 강화했다. 이는 오늘날 기업의 리더십과 조직 개발 측면에서도 시사하는 바가 크다.

순환적 공동 창작 시스템

모타운 레코드의 성공은 음악 차트에서의 성과에 그치지 않는다. 창의성, 시스템, 정체성, 상상력이 어우러진 조직문화의 승리였다. 모타운 레코드의 히트곡은 하루아침에 탄생한 결과물이 아니었다. 반복적인 훈련, 교차 검토, 동료들 간의 끊임없는 피드백을 거쳐 완성됐다. 그들의 창작은 한 사람의 영감이 아니라 함께 만들어낸 '집단 창조'의 산물이었다.

모타운은 실리콘밸리 스타트업들이 훗날 도입한 애자일 방식보다도 훨씬 앞서 유사한 시스템을 자생적으로 구현했다. 애자일 방식은 계획보다 실행을 중시하고 빠른 피드백과 유연한 대응을 통해 변화를 민감하게 수용하며 팀 간 협업을 극대화하는 업무 프로세스다. 정보기술 기업을 중심으로 확산된 이 방식은 소규모 팀 단위의 자율성과 반복적 개선을 특징으로 한다. 하지만 모타운 레코드는 이미 반세기 전에 이를 뛰어넘는 '순환적 공동 창작 시스템'을 구축하고 있었다. 브랜드 정체성, 예술적 기획력, 리더십, 그리고 교육 훈련이 긴밀하게 맞물려 하나의 유기적 '하모니 조직'을 이루었다..

　모타운 레코드는 제약 속에서 창의성을 발휘하고 학습하는 조직 문화를 구축함으로써 아티스트를 브랜드로 성장시켰고 구성원의 자기효능감을 체계적으로 키워낸 하나의 혁신적 기업이었다. 베리 고디 주니어가 설계한 이 시스템은 오늘날까지도 창의성과 경영을 결합하려는 모든 조직에 깊은 통찰을 보여준다. 모타운 레코드의 성공은 음악산업을 넘어 경영과 혁신의 교과서로 남았다. 모타운 레코드의 음악은 노래를 넘어서 정체성과 기억의 기호가 됐다. 그들의 리듬 속에는 흑인 민중의 눈물과 자존심 그리고 조직의 영혼이 녹아 있었다.

3
인재 경영과 시너지

집단 역량과 시너지

드러머 남궁연은 말한다. "가요계에는 두 종류의 사람이 있다. 하나는 조용필을 '형'이라고 부르는 사람이고 다른 하나는 김광석을 '광석'이라고 부르는 사람이다." 이들 중 많은 이들은 조용필이나 김광석과 한 번도 마주한 적조차 없다. 그럼에도 불구하고 흥미로운 것은 이들이 마치 조용필이 오래된 지인이라도 되는 듯 '용필이 형'이라 부르며 그 이름을 자신의 존재감 위에 덧씌우려 한다는 점이다. 이것은 조용필이란 존재가 한국 대중음악계에서 얼마나 거대한 상징이 됐는지를 보여준다.

조용필은 단일 앨범 판매량 100만 장, 총 음반 판매량 1,000만 장, 음악 순위 프로그램 「가요톱텐」 최장 69주 연속 1위, 카네기홀과 예술의전당에 선 첫 대중가수라는 기록을 남겼다. 이러한 성과들은 마치 '한 명의 천재'가 이룬 결과처럼 보일 수 있다. 그러나 실상은 전혀 다르다. 조용필은 누구보다 뛰어난 '인재 경영자'였다. 음악을 중심으로 다양한 인물과 협업했고 그들의 잠재력을 발굴하고 키워냄으로써 함께 전설이 된 것이다.

조용필의 사례는 경영학에서 말하는 '조직 내 집단 성과'의 대표 사례다. '시너지'라고도 하는 이 개념은 조직 구성원 개개인의 역량을 더한 것보다 더 큰 성과를 만들어내는 것을 말한다. 미국의 경영학자 스티븐 코비가 저서 『성공하는 사람들의 7가지 습관』에서 강조한 핵심 원칙이기도 하다. 그는 "시너지는 전체가 부분의 합보다 클 때 발생한다."라고 말하며 창의적 협업과 상호 신뢰의 중요성을 역설했다. 조용필은 연주자, 작곡가, 프로듀서 등 다양한 분야의 인재들과의 '상호보완적 협력'을 통해 개별 역량을 집합적으로 승화시키며 집단 창작의 모범을 남겼다.

이는 또한 미국 미시간대학교의 정치학자이자 사회과학자인 스콧 페이지Scott Page가 강조한 '창의성을 위한 이질성Diversity for Creativity' 개념과도 맞닿아 있다. 페이지는 『차이점The Difference』이라는 저서를 통해 문제 해결과 창의성의 관점에서 다양성이 얼마나 중요한지 설명한다. 그는 동질적 능력보다 다양한 사고방식, 경험, 배경을 가진 사람들이 함께할 때 결과가 더 혁신적이라고 주장한다.

이러한 관점은 인재를 많이 모으는 것보다 각자 다른 능력과 관점을 가진 사람들을 조화롭게 협업하게 만드는 능력을 강조한다. 조용필이 실현한 음악적 집단 창작 역시 각자의 음악적 정체성과 개성을 지닌 구성원들이 조화를 이뤄 새로운 시너지를 창출한 대표 사례라고 할 수 있다.

그가 이끈 밴드 '위대한 탄생'은 기타리스트 최희선, 베이스 연주자 이태윤, 「친구여」의 작곡가이자 피아노 연주자 이호준 등 한국 최고 뮤지션의 집합소였다. 그들은 조용필의 음악 세계를 함께 지탱한 음악 동료들이었다. 그들의 연주와 감각은 조용필이라는 플랫폼 안에서 새로운 에너지를 더하며 시너지를 만들어냈다. 조용필은 특정 작법이나 스타일을 고수하지 않고 다양한 색깔의 음악을 받아들이며 변화와 혁신을 지속했다. 그가 만든 무대는 하나의 실험실이자 인재 육성소였다.

조용필의 리더십은 보이지 않는 곳에서 조율과 조화를 끌어냈다. 그는 무대 위는 물론이고 음반 작업실과 리허설 공간에서 인재의 가능성을 먼저 발견하고 음악적 언어를 존중하며 공동의 비전을 설계했다. 조용필의 리더십은 오늘날 기업 경영의 이상적인 모델과 들어맞는다. 또한 조직 내 위계보다는 네트워크 중심의 운영을 강조하는 '수평적 리더십'의 실제 사례이기도 하다. 이 개념은 리더십 연구자 크레이그 피어스와 제이 콩거가 제안한 이론으로 리더십이 특정 개인에게 집중되기보다는 팀 전체에 분산돼 운영되는 방식을 의미한다. 크레이그 피어스는 특히 '공유 리더십'의 중요성을 강조하며 한 명의 리더가 아니라 여러 구성원이 주체적으로 리더십을 발휘할 때 조직의 창의성과 민첩성이 극대화한다고 설명한다. 수평적 리더십을 발휘하면 빠른 의사결정과 창의적 협업이 가능해진다. 또한 구성원의 자율성과 책임감을 고양하는 장점도 있다. 조용필은 개별의 힘을 존중하면서도 공동의 목표를 향해 유기적으로 움직이는 팀워크를 음악으로 구현한 경영자였다.

잠재력 중심 인재 발굴

조용필 1집부터 19집까지 정규 앨범에 무려 76명의 작사가가 참여했다. 그중 지난 10년간 조용필의 콘서트에서 가장 자주 불린 곡들은 김순곤과 하지영이라는 당시로서는 비교적 신예 작사가의 작품이었다. 이들이 참여한 「못 찾겠다 꾀꼬리」 「고추잠자리」 「친구여」 「여행을 떠나요」 등은 기성 작사가들이 다루지 않았던 참신한 소재와 표현을 담고 있다. 이는 조용필이 당시 업계에서 덜 알려졌던 이들의 실험적 언어와 정서를 신뢰했기 때문이다.

이러한 사례는 '하우스 오브 탤런트House of Talent' 이론을 떠올리게 한다. 이 이론은 인재 관리 전략으로 유명한 미국의 경영학자 더글러스 레디Douglas Ready와 제이 콩거가 제시한 개념이다. 조직이 미래 경쟁력을 확보하기 위해 '검증된 실력'보다 '확장 가능한 잠재력'을 가진 인재에 투자해야 한다는 내용을 담고 있다. 여기서 말하는 '확장 가능한 잠재력'을 가진 인재란 당장의 완성도보다 인물의 학습 가능성과 창의성을 중시하는 접근이다. 조용필은 유명 작가와 작업하기보다 음악적 확장을 이끌 인물을 찾아내고 이들과 함께 성장하는 전략을 선택한 셈이다.

또 다른 사례는 작곡가 정풍송이다. 그는 트로트와 성인가요를 주로 작곡하던 인물이었다. 조용필과 음악적 색깔이 전혀 달랐다. 그러나 조용필은 그에게 "세상을 발칵 뒤집을 곡을 써달라."라고 하며 협업을 제안했다. 결과물은 3집 수록곡 「미워 미워 미워」, 8집 수록곡 「허공」과 같은 명곡이었다. 이질적 음악 배경을 가진 인물을 과감히 기용한 조용필의 리더십은 예측 불가한 조합이 혁신을 끌어낸다는 통찰을 던진다. 이는 또한 앞서 언급한 스콧 페이지의 '창의성을 위한 이질성' 개념과도 통한다.

위험, 창의적 도전의 무대

1980년대 한국 대중가요는 '3분 30초'를 넘기지 않는 것이 불문율처럼 여겨졌다. 이는 방송 편성과 라디오 청취자의 집중 시간을 고려한 시대가 만들어낸 무언의 합의였다. 그러나 조용필은 「킬리만자로의 표범」이라는 5분 24초짜리 대곡을 발표했다. 이는 당시로선 모험이자 도박에 가까운 시도였다. 작사가 양인자와 작곡가 김희갑의 구상에 대해 조용필은 전적으로 신뢰했다. 그 결과 이 곡은 한국 가요사에서 가장 상징적인 서사시로 남았다.

이것은 앞서 말한 구성원의 창의적 도전을 지원하는 '심리적 안전감' 개념과 연결된다. 에이미 에드먼드슨 교수는 구성원이 자신의 의견이나 아이디어를 자유롭게 표현할 수 있을 때 조직에서 학습과 혁신이 활발해진다고 설명한다. 조용필은 리더로서 결과보다 시도에 신뢰를 보였고 그 신뢰는 곡의 성공으로 되돌아왔다.

또한 밴드 위대한 탄생의 베이스 연주자 이태윤은 조용필과의 인연을 이렇게 회상한다. "어느 날 조용필이 자신을 콘서트 무대에서 이렇게 소개했다. '위대한 탄생의 싱어 조용필입니다.'" 조용필의 발언은 그가 밴드를 백업 뮤지션으로 인식하지 않고 함께 음악 세계를 만들어가는 동반자로 인식하고 있음을 보여준다.

이호준, 송홍섭, 유재하, 최희선 등 수많은 거장이 위대한 탄생 밴드를 거쳐 갔다. 조용필은 그들과 수평적 사고로 협업하며 자신만의 음악 세계를 확장해갔다. 이는 수평적 리더십과 공유 리더십의 실제 사례로 조직의 유연성과 창의성을 동시에 끌어올리는 리더십 구조를 보여준다.

지속가능성, 후속 성장 기반

2013년에 발매된 19집 앨범 『헬로Hello』는 조용필의 두 번째 전성기를 알렸다. 「헬로」와 「바운스」로 대표되는 이 앨범의 10곡 중

6곡은 외국 작곡가들이 만들었다. 조용필은 국내 작곡가들이 부담스러워 곡 쓰기를 주저한다는 사실을 알고 나서 자신의 정체를 숨긴 채 해외 작곡가들에게 의뢰했다. 결과적으로 신선한 감각의 곡들이 완성됐고 젊은 세대에게도 깊은 인상을 남기며 '조용필은 여전히 현재형'이라는 인식을 심어주었다.

이는 경영학자 짐 콜린스가 말한 '레벨 5 리더십'의 특성과도 일치한다. 콜린스는 『좋은 기업을 넘어 위대한 기업으로』를 통해 진정한 리더는 자신의 명성과 권위보다 조직의 지속가능성과 후속 세대의 성장을 우선시한다고 강조한다. 개인적 겸손함과 전문적 단호함을 모두 갖춘 리더는 구성원과 외부 파트너의 역량을 존중하고 그것을 최대한 활용할 줄 안다. 조용필은 바로 그러한 리더였다.

조용필는 뛰어난 가수다. 동시에 그는 음악 기업의 CEO였고 인재와 아이디어를 조직하고 성장시키는 전략가다. '가왕'이라는 타이틀은 그의 음악성에 대한 칭송이면서 사람을 키우고 협업하는 리더십에 대한 경영학적 찬사이기도 하다. 조용필을 통해 우리는 다시 묻는다. 진정한 리더란 누구인가? 이 질문에 우리는 조용필의 사례를 통해 대답할 수 있다. 가장 앞에 서는 사람이 아니라 가장 넓게 듣고 함께 가는 사람이라는 것을. 그는 자신의 음악과 사람을 통해 이를 증명해왔다.

4
초일류 밴드의 조건

조율의 본질

나는 밴드 다섯손가락의 기타리스트이자 보컬리스트다. 중학교 때부터 학교에서 연주나 노래 좀 한다던 친구들이 1983년 대학 신입생 때 뜻을 모아 만든 밴드가 다섯손가락이다. 1985년 공식 1집 음반을 내고 활동한 지 올해로 40년이 됐다. 원년 멤버 세 명이 여전히 끈끈한 우정을 바탕으로 현역으로 활동하는 흔치 않은 밴드. 이것이 우리에게 늘 붙는 수식어다.

나는 밴드에서 기타리스트의 역할을 하고 있으며 한두 곡 정도 보컬을 맡기도 한다. 감사하게도 우리 밴드의 널리 알려진 곡들 가운데 상당수가 내가 작사 작곡을 한 작품들이다. 「풍선」 「수요일엔 빨간 장미를」 「새벽 기차」 「이층에서 본 거리」 등은 많은 이에게 오랫동안 사랑받은 곡들이다. 자의적일 수도 있겠지만 대중음악 작곡가로서 누구나 알 만한 히트곡을 세 곡 이상 남겼다면 그 자체로 성공이라 여겨도 좋다고 생각한다. 그런 의미에서 나는 스스로 '성공한 작곡가'라 부를 수 있었다.

1993년, 나는 이미 음반 100만 장 이상을 판매한 프로 음악가였다. 하지만 더 나은 실력을 갈망하며 보스턴의 버클리음악대학 유학을 결심했다. '미국에서 배울 게 뭐가 있겠냐?'라는 내 교만은 첫 학기 즉흥 연주 수업에서 단박에 무너졌다. 그곳에서 나는 음악과 삶의 본질에 대해 다시 배웠다.

음대 건물 지하에 창문 하나 없는 연습실. 낯선 외국인 학생 여섯 명이 각자 악기를 만지작거리며 서로 시선을 피하고 있었다. 전날의 숙취가 남은 듯한 노교수는 출입문 창을 검은 종이로 가리고 불을 꺼버렸다. 이내 어둠 속에서 들린 단 한마디.

"연주합시다 Let's play."

지시도 악보도 없었다. 앞이 보이지 않는 어둠 속에서 시작된 연주는 한 음 한 음 서로를 탐색하듯 이어졌다. 콘트라베이스의 음 하나가 피아노의 화음이 되고 이어서 기타, 드럼, 색소폰으로 섬세하고 유기적으로 흘러가며 발전했다. 수십 분이 흐르고 다시 정적만 흐르는 어둠을 뒤로 하고 교수는 아무 말 없이 강의실을 떠났다.

그 후 한 달간 우리는 수업 때마다 어둠 속에서 '함께' 연주했다.

어느 순간부터 각자의 소리는 충돌하지 않고 조화를 이뤘고 점점 더 민감하게 서로의 흐름을 감지하고 반응했다. 한 달 뒤 우리 반은 가장 빠르게 성장하고 진보한 즉흥 연주 밴드라는 평가를 받았다. 그 어둠 속에서 나는 '밴드란 무엇인가?'를 처음부터 새롭게 이해하게 됐다.

밴드의 본질은 연주 기술 자체에 있지 않았다. 기술은 기본일 뿐 그것을 어떻게 다루고 서로 어떻게 조율하느냐가 밴드의 품격을 결정했다. 나를 지우지 않되 나만을 내세우지도 않는 연주. 실수를 실수로 받아들이지 않는 연주. 그리고 각자 서로의 미래를 감지하는 연주. 나는 그때 배운 교훈을 6가지로 정리해두었다. 그것은 지금도 변하지 않는 초일류 밴드의 조건이다.

밴드의 성공 조건 6가지

내가 지켜본 초일류 밴드들은 공통된 6가지 조건이 있었다.

첫째는 개인기다. 개성 있는 연주자들이 집단으로 조화를 이루기 위해 반드시 갖춰야 할 출발점이다. 세계 음악사에 전설로 남은 밴드들을 떠올려보면 하나같이 공통점이 있다. 구성원 각자가 자신만의 음악 세계와 뚜렷한 개성을 갖춘 '완성된 연주자'였다는 점이다. 밴드는 팀워크만으로 이루어지지 않는다. 실력 있는 개인들이 서로의 존재를 존중하며 조화를 이룰 때 비로소 유기적인 집단으로 기능한다. 결국 개개인의 연주력이 전체의 완성도를 결정한다. 따라서 밴드 구성원이라면 개인의 음악적 기술과 표현력을 끊임없이 다듬어야 한다. 확고한 자기 세계를 지닌 창작자들이 모인 집단이기에 누군가 한 사람의 리더만 맹목적으로 따르는 구조로는 결코 오래갈 수 없다. 각자 대체 불가능한 개인이 되려는 노력을 멈추지 않아야 한다.

전설적인 하드록 밴드 레드 제플린을 보자. 지미 페이지의 기타 리프는 그 자체가 레드 제플린의 곡이다. 존 본햄John Bonham의 드럼 연주는 그 누구로도 대체할 수 없는 무게가 있다. 그의 갑작스러운 죽음 이후 밴드가 곧바로 해체된 것은 이를 상징적으로 보여 준다.

퀸의 보컬 프레디 머큐리는 가창력, 작곡 능력, 무대 장악력까지 갖춘 '완전체'였다. 그의 동료 브라이언 메이Brian May는 "프레디가 없었다면 퀸은 기술 좋은 밴드로 끝났을 것이다."라고 말했다. 탁월한 개인기가 팀의 정체성을 만들고 예술적 완성도를 끌어올리는 원동력이 된 것이다.

반면 뛰어난 실력을 갖췄음에도 독단적 태도로 팀을 와해한 예도 있다. 건즈 앤 로지스Guns N' Roses의 보컬 액슬 로즈Axl Rose는 뛰어난 보컬이었지만 통제 불가능한 언행과 멤버와의 갈등으로 팀을 분열시켰다. 핑크 플로이드Pink Floyd의 로저 워터스Roger Waters 역시 걸작을 남긴 뛰어난 창작자였다. 하지만 밴드를 자신의 솔로 프로젝트처럼 이끌려는 태도로 내부 균형을 깨뜨렸다. 개인기가 강할 수록 그 힘을 어떻게 조율하느냐가 중요해진다. 진정한 개인기는 능력을 드러내는 것이 아니라 능력을 다스리는 데서 출발한다.

둘째는 존중이다. 서로 다른 음악적 배경과 개성을 껴안고 성장하는 태도다. 성공한 밴드의 핵심은 실력만이 아니다. 각자 다른 배경, 취향, 표현 방식을 가진 사람들이 한 무대를 함께 꾸미기 위해서는 존중이라는 감정적 토대가 반드시 필요하다. 존중은 예의범절의 문제 이상으로 공동 창작의 가장 깊은 뿌리다.

비틀스의 드러머 링고 스타Ringo Starr는 "우리 네 명은 완전히 달랐다. 하지만 서로가 없으면 아무것도 아니었다."라고 회고했다. 전혀 다른 배경을 가진 이들이 서로를 믿고 받아들이지 않았다면 음악사의 흐름을 바꾼 밴드는 존재할 수 없었을 것이다.

1976년 결성 후 단 한 명의 멤버 교체 없이 반세기 가까이 함께해 온 아일랜드 밴드 U2의 프런트맨 보노는 "우리는 서로를 완전히 이해하지는 않지만 언제나 신뢰했다."라고 말했다. 이들은 감정적 충돌을 줄이기 위해 말하는 방식을 훈련했고 때론 서로의 차이를 조화로 끌어올리기 위해 의식적으로 노력했다.

퀸은 작곡, 연주, 무대 퍼포먼스 모두에서 멤버 개개인이 완결된 예술가들이었다. 그럼에도 그들은 모든 곡을 '퀸'의 이름으로 발표했다. 기타리스트 브라이언 메이Brian May는 "우리는 서로 다른 방향을 보고 있지만 같은 무대를 만들고 있었다."라고 말했다. 그 말 속에는 차이를 견디는 힘과 나와 다른 재능을 인정하고 함께하는 품이 담겨 있다.

미국의 조직심리학자 애덤 그랜트는 저서 『싱크 어게인』에서 "균질한 팀이 빠를 수는 있지만 이질적인 팀이 더 멀리 간다."라고 했다. 밴드도 마찬가지다. 다양한 배경과 개성이 충돌하는 팀일수록 더 큰 시너지를 낼 수 있다. 그 중심에는 존중이라는 태도가 있다.

셋째는 경청이다. 음악에서의 경청은 내 소리를 정확히 듣고 타인의 소리에 반응하는 감각이다. 음악은 듣는 예술이다. 그러나 밴드에서 '듣기'는 귀로 듣는 수동적 행위를 넘어선다. 그것은 내 소리를 정확히 인식하고 동시에 타인의 연주에 반응하며 그 둘을 섬세하게 조율하는 복합적 감각이다. 밴드에서 경청은 '나를 듣는 것'에서 시작된다.

자신이 지금 어떤 소리를 내고 있는지를 인식하지 못하면 타인의 연주와 어떻게 조화를 이룰 수 있을까? 밴드의 경청은 자기표현과 타인 수용의 균형 위에서 이뤄진다. 음의 세기, 길이, 색감, 여백의 타이밍까지 자기 소리를 섬세하게 듣는 사람만이 타인의 소리를 품을 수 있다.

이 경청은 '순서 기반의 대화'가 아니라 '동시同時 기반의 연주'다. 연주자 모두가 동시에 소리를 내면서 동시에 서로의 연주를 듣는 음악적 협상은 리더의 지시가 아니라 구성원 간 직관과 신뢰로 성립된다. 이 과정에서 중요한 것은 연결과 침묵이다. 과감히 멈추고 공간을 열어주는 용기, 타인의 소리를 받아들일 줄 아는 여백의 미학, 적절한 타이밍에 다시 소리를 더하는 결단이 밴드의 경청이다.

이러한 경청은 음악 기술을 넘어 태도의 문제다. 상대의 실수를 감싸고 내가 돋보이지 않아도 흐름을 지키며 음악의 조화를 최우선에 두는 태도의 문제다. 이는 공동체 안에서 진정한 신뢰를 쌓는 방식이자 밴드를 밴드답게 만드는 보이지 않는 에너지다.

넷째는 미래 예측이다. 말을 하지 않아도 방향을 공유하는 직관을 말한다. 경청이 깊어지면 밴드는 미래를 감지하게 된다. 누가 어떤 음을 낼지 말하지 않아도 손짓이나 눈빛 하나 없이도 연주의 다음 장면이 어렴풋이 떠오른다. 연습이나 계획만으로는 이런 수준에 이를 수 없다. 이건 함께 쌓아온 감각이 만들어낸 결과다.

연주는 결국 시간 속에서 만들어지는 예술이다. 좋은 밴드는 지금 연주하는 소리 속에서 다음 소절의 가능성을 느낀다. 이 직관은 과거의 경험에서 온 것이 아니라 현재의 감응을 통해 미래의 움직임을 미리 감지하고 반응하는 힘이다.

조직이든 밴드든 이 직관은 일종의 '공동의 시야'를 갖는 훈련에서 시작된다. 독일의 경제학자 오토 샤르머Otto Scharmer가 제안한 'U' 이론에서 말하는 현존Presencing 개념으로 이를 설명할 수 있다. 현존은 현재의 흐름 속에서 다가올 미래의 가능성을 감지하고 행동으로 연결하는 힘이다. 계획과 통제가 아니라 감응과 신뢰로써 미래를 함께 연주하게 한다.

마일스 데이비스의 명반 『카인드 오브 블루Kind of Blue』가 그 대표 사례다. 이 앨범은 사전 리허설이나 편곡 없이 각자 내면의 감각에 따라 다음을 예감하며 연주했다. '예측의 음악성'을 집단으로 구현한 결과물이었다.

미래 예측은 결국 밴드가 언어 없이 소통할 수 있다는 확신에서 비롯된다. 기술만으로는 어렵다. 미래 예측은 감각의 공유이며 함께 쌓아온 호흡이 일으키는 공동 창작의 신호. 초일류 밴드는 다음 프레이즈phrase를 설계하지 않고도 이미 알고 있다. 그것이 가능한 이유는 이미 서로를 깊이 듣고 있기 때문이다.

다섯째는 몰입이다. 밴드의 몰입은 무아의 상태에서 경험하는 집단의 흐름이다. 경청과 예측이 어느 정도 궤도에 오르면 밴드는 자연스럽게 몰입이라는 영역에 도달한다. 몰입은 일종의 집단적 흐름Collective flow이다. 각자의 소리가 개별성을 넘어 하나의 유기적 흐름으로 이어질 때 밴드는 연주 그 자체가 된다.

심리학자 미하이 칙센트미하이가 제시한 몰입의 조건은 밴드 연주 현장에서 고스란히 확인된다. 명확한 목표, 즉 다음 프레이즈를 향한 감각적 지향. 서로의 연주가 즉각적인 피드백이 되는 환경. 내 연주가 곡을 이끌기도 하고 따라가기도 하며 균형을 이루는 구조. 외부 자극이 사라지고 오직 사운드에만 집중하는 상태. '내가 잘하나?'가 아니라 '우리가 되고 있나?'를 묻는 자의식 상실. 짧은 시간은 길게 느껴지고 긴 시간은 짧게 느껴지는 시간 왜곡. 외부의 평가가 아니라 연주 그 자체에서 오는 내재적 동기. 자유롭고 정돈된 통제감. 연주가 목적이자 보상이 되는 자기 목적적 경험.

이 모든 조건이 충족될 때 밴드는 흐름 속으로 빠져든다. 몰입의 진정한 특징은 바로 이 '경계 없는 연결'이다. 누구도 지시하지 않지만 모든 소리가 정돈된다. 누구도 계획하지 않았지만 완벽한 흐름이 만들어진다. 그 순간 밴드는 '잘하는 팀'에서 '살아 있는 생명체'가 된다.

몰입의 경험은 단지 음악의 성취가 아니다. 그것은 공동체의 황홀한 순간이며 우리가 집단 안에서 온전히 하나가 된다는 감각이다. 몰입은 의도해서 만들 수 없다. 존중, 경청, 감응과 예측을 거친 이들에게만 주어지는 보너스 같은 선물이다.

여섯째는 영성이다. 영성은 기술 너머 진심이 전달되는 지점이다. 좋은 연주란 듣는 이의 마음 깊숙한 곳까지 스며들어 오래도록 지워지지 않는 울림을 남기는 것이다. 밴드의 마지막 조건은 그래서 '영성'이다. 종교적 개념과는 다르다. 공감과도 다른 영적인 교감을 말한다. 소리 너머에 담긴 사람의 마음이 전달되는 지점이며 서로의 감각이 완전히 하나로 겹치는 순간을 말한다.

경청, 예측, 몰입을 거쳐 도달하는 이 단계는 더 이상 '연주하는 상태'가 아니다. 연주자 자신이 음악과 분리되지 않고 음악 그 자체가 되는 상태. 미하이 칙센트미하이는 이를 '신성한 흐름The Sacred Flow'이라 표현했다. 자아가 사라지고 시간이 멈춘 듯한 그 순간 우리가 음악을 한다기보다 음악이 우리를 통해 흘러나오는 것을 그저 허락할 뿐이다.

이런 연주는 청중에게도 고스란히 전해진다. 설명할 수 없지만 분명히 느껴지는 울림 그리고 기술로는 결코 도달할 수 없는 감정의 온도는 영성이 가진 힘이다. 연주는 기술을 넘어서고 밴드는 팀을 넘어 '하나의 존재'가 된다.

이 영성은 고양된 상태가 아니라 겸손한 자세에서 온다. 내가 아니라 우리가, 소리가 아니라 마음이, 기술이 아니라 진심이 함께 어우러질 때 우리는 연주를 통해 삶의 깊은 울림을 나눌 수 있다. 밴드란 결국 그런 울림을 함께 만들어가는 사람들의 집합이다.

5
조용한 혁신, 시장의 변화

고객 중심 혁신

"뭐가 좋아서 이 음반을 사십니까?"

1978년에 동아기획의 김영 사장은 광화문에서 음반 가게를 운영하며 하루에도 수십 명의 손님에게 물었다. 손님들은 망설임 없이 "한국 음악은 들을 게 없어요."라고 대답했다. 이 단순한 대답 속에서 김 사장은 거대한 시장의 공백을 보았다. 그는 결심한다. "한국 음악을 듣게 만들겠다."라고.

히든 챔피언 이론을 정립한 독일의 경영학자 헤르만 지몬은 시장 전략과 가격 이론 분야의 세계적 권위자다. 지몬은 고객과 가까운 거리에서 문제를 포착하고 해결하려는 의지가 강소기업의 출발점이라 말한다. 그는 저서 『히든 챔피언』에서 강소기업의 공통된 특성으로 '고객 밀착형 혁신Customer Proximity-Based Innovation'을 꼽는다. 마케팅 조사보다 고객의 맥락과 경험 속에서 니즈를 감지하는 능력이다. 김영 사장의 방식은 완벽히 그것이었다. 그는 질문이라는 형식을 통해 그 통찰을 현실화했다. 시장조사에 의존하지 않고 직접 접촉을 통한 질문 그리고 그 질문을 반복하면서 확신을 했다. 이 작은 가게에서 시작된 '질문 경영'이 곧 동아기획의 철학이자 전략이 됐다. 이는 MIT 슬로언경영대학원 교수로 사용자 혁신 및 오픈 이노베이션 분야의 선도적인 연구자로 잘 알려진 에릭 폰 히펠Eric von Hippel의 '사용자 혁신User Innovation' 개념과도 맞닿아 있다. 그는 고객의 언어 속에 혁신의 실마리가 존재하며 이를 제품이나 서비스 개발의 중심에 둘 때 경쟁자가 예측하지 못한 차별적 우위를 창출할 수 있다고 본다. 마치 넷플릭스가 DVD 대여 고객의 불만에서 스트리밍이라는 모델을 발견한 것처럼 말이다.

동아기획의 시작은 고객의 말에 귀를 기울인 김영 한 사람의 집요함에서 비롯됐다. 사라스 사라스바티Saras Sarasvathy는 미국 버지니아대학교 다든경영대학원의 교수로 효과적 기업가 정신 이론인 '이펙추에이션Effectuation' 개념을 제창한 인물로 평가받는다. 이는 자원이 부족한 창업자가 미래를 예측하기보다 현재 가진 자원과 인적 네트워크를 바탕으로 목표를 유연하게 조정하는 방식이다. 김영 사장의 방식은 그가 가진 질문 능력, 음반 유통 경험, 고객과의 접촉이라는 자원을 통해 문제를 재정의하고 새로운 가치를 만들어낸 전형적 사례였다.

품질과 신뢰의 차별화 전략

동아기획이 내놓는 음반은 하나같이 '믿고 듣는 음반'이라 불렸다. 김현식 1집, 들국화 1집, 봄여름가을겨울 1집은 당시 이름조차 생소하던 음악가들의 앨범이었다. 하지만 유통상들은 동아기획이라는 이름만으로 대량 주문을 넣었다. 제품의 정체보다 회사의 정체성을 믿은 것이다.

브랜딩 없이 신뢰를 획득하는 일은 오늘날 스타트업 세계에서도 보기 드문 현상이다. 독일의 공작기계 제조사들이 세계 시장에서 1위를 차지하면서도 일반 소비자에게는 알려지지 않은 것과 같다. 동아기획 역시 외부에는 조용하지만 내부에서는 압도적 품질과 신뢰로 음악 생태계를 장악했다. 이것이야말로 진정한 강소기업의 전략이다. 이러한 신뢰는 '신호Signaling' 이론으로 설명할 수 있다. 품질이 눈에 보이지 않는 상황에서도 기업은 반복적으로 일관된 고품질 결과물을 통해 자신을 증명해야 한다.

동아기획은 방송 없이도 신뢰하는 브랜드가 됐다. 품질 그 자체가 마케팅 수단이 될 수 있음을 증명했다. 마치 '믿고 쓰는' 독일 지멘스나 보쉬의 부품처럼 동아기획의 로고는 신뢰의 상징이었다.

현대 마케팅 개념을 정립한 선구자 중 한 명인 시어도어 레빗은 '핵심 가치 제안Core Value Proposition' 개념을 강조했다. 고객은 제품을 구매하는 것이 아니라 문제 해결을 구매하는 것이며 신뢰는 이 가치 제안의 본질을 전달하는 핵심 수단이라는 것이다. 동아기획은 음반이라는 물리적 상품보다 품질과 진심이라는 무형의 가치를 우선시했다. 그것이 곧 브랜드의 실체가 됐다.

또한 방송을 거부하고도 성공한 정면 돌파 전략은 클레이튼 크리스텐슨의 '파괴적 혁신Disruptive Innovation' 이론과도 연결된다. 동아기획은 방송 중심의 기존 음악산업에서 벗어나 공연과 음반 자체의 힘만으로 대중을 사로잡았다. 그들은 음악의 완성도를 믿었고 청중도 그 진심을 알아보았다. 전통을 거부하면서도 본질을 고수한 동아기획은 다이슨과 애플처럼 품질 중심의 파괴적 기업이었다.

동아기획은 좋은 음악은 좋은 소리에서 나온다고 믿었다. 이런 제작 철학으로 녹음 장비부터 엔지니어, 작곡가, 연주자, 디자이너에 이르기까지 앨범 한 장을 위해 최선의 노력을 쏟아부었다. 들국화 1집은 당시 한국 음반 사상 최고의 제작 환경에서 탄생했다. 이 음반은 기술 중심 경영이라는 히든 챔피언의 속성이 그대로 반영된 셈이다. 동아기획의 기술, 즉 품질 중심 경영은 '핵심 역량Core Competence' 이론으로도 설명된다. '핵심 역량' 이론은 전략 이론가인 런던비즈니스스쿨의 게리 하멜과 미시간대학교의 전략경영학 교수 C. K. 프라할라드가 기업 경쟁력의 핵심을 설명한 이론이다. 이 이론에 따르면 경쟁자가 쉽게 모방할 수 없는 핵심 기술과 자산을 중심으로 차별화된 가치를 창출한다. 동아기획은 높은 녹음 품질과 음악적 완성도를 경쟁력의 본질로 삼아 국내 음악계에서 독보적 위치를 차지했다.

신념의 시스템화와 지속가능성

당시 음악계는 「가요톱텐」 출연 여부가 곧 음악가로서 성공의 기준이었다. 모두가 그 무대에 서기를 원했고 그 순위를 기준으로 음악의 가치를 판단했다. 하지만 동아기획은 달랐다. 그들은 음악을 듣고 사유하고 공유하는 과정 자체를 중시했다. 음악은 '보는 것'이 아니라 '듣는 것'이라는 가장 기본적인 정의로 돌아간 것이다. 이런 전략은 새로운 고객을 만든다. 시장에 순응하기보다 새로운 시장을 창출하는 것이다. 히든 챔피언 기업이 틈새시장에서 세계를 지배한 방식과 다르지 않다. 동아기획은 음악이 시청각 상품이라는 당시의 상식을 거부하고 청각과 감정 중심의 콘텐츠로 음악을 재정의했다.

안타깝게도 이렇게 혁신적인 동아기획은 1990년대를 넘기지 못했다. 이 상황은 조직의 정체성과 리더십 철학이 구조로 정착되지 못할 때 생기는 '미션 기반 조직의 딜레마Mission-Driven Organization Dilemma'로 볼 수 있다. 글로벌 조직의 리더십과 지속가능경영 연구로 널리 알려진 경영학자 크리스토퍼 바틀렛Christopher Bartlett은 조직이 특정 리더의 신념에 기반해 강한 몰입과 창의성을 유지하더라도 그 신념이 시스템으로 정착되지 않으면 지속가능성이 떨어진다고 지적했다. 동아기획은 리더십의 철학은 일관됐지만 이를 제도화하는 구조는 취약했다. 음악 중심의 철학이 지속가능하려면 시스템으로 정착하는 구조가 필요했다. 하지만 동아기획은 인물 중심의 경영에 머물렀다.

좋은 음악을 만들 인재들이 흩어지고 새로운 대형 기획사들이 구조화된 자본과 인력으로 시장을 재편했다. 동아기획은 조용히 사라졌다. 그러나 이를 단순히 실패라고 말할 수는 없다. 어떤 실험은 성과보다 유산으로 남는다. 동아기획은 음악도 경영이 될 수 있다는 사실을 증명했다. 이 사례는 MIT 슬로언경영대학원의 선임 강사로 조직의 혁신과 변화 관리를 연구한 피터 센게가 주창한 '학습하는 조직' 개념과도 대비된다. 동아기획은 높은 창조성과 실행력을 지녔으나 학습, 전이, 제도화가 부재했다. 강소기업이 성장의 정점에서 지속가능성으로 이행하지 못할 때 벌어지는 전형적 장면이다.

동아기획은 오늘날의 기업들에 질문을 던진다. 당신의 고객은 누구이며 그 고객의 불만은 무엇인가? 당신의 제품은 신뢰받고 있는가? 당신의 조직은 기존 질서에 도전할 수 있는가? 당신은 완성도를 위해 어느 정도를 감수할 수 있는가? 음악계의 작은 기업이 보여준 이 위대한 실험은 오늘의 스타트업과 강소기업에서 그리고 예술과 경영 사이의 경계에서 다시 읽혀야 한다. 동아기획은 음악을 경영한 회사였다.

3장

창조성의 조건

1
축적과 혁신의 연결고리

창조 역량의 순환구조

　대중음악은 축적의 산물이다. 수없이 많은 음악 장르의 탄생 이면에는 오랜 기간 시행착오를 거치며 축적된 방대한 지식, 기술, 경험이라는 창조적 영향이 서로 결합하고 소통해온 이야기가 가득하다. 블루스, 리듬 앤 블루스, 로큰롤, 소울, 펑크, 디스코, 힙합 등 꼬리에 꼬리를 무는 창조적이고 새로운 장르의 탄생에 담긴 축적의 사례를 통해 초일류를 지향하는 기업이 배워야 할 축적의 중요성을 살펴보자.

　세계 음악시장을 주도하는 미국이 100년 남짓한 기간에 세계 팝 시장의 최강자가 된 이유는 무엇일까? 내수 시장 규모가 큰 미국의 강점은 다양한 음악적 경험이 자연스럽게 축적된다는 데 있다. 게다가 이민자의 나라라는 특성 덕분에 다양한 인종의 개성 있는 음악 스타일이 섞이고 융합되기에 이상적인 구조를 갖추고 있다. 미시시피주 델타에 위치한 블루스 박물관에 따르면 블루스는 아프리카 음악에 뿌리를 두고 영국, 스코틀랜드, 아일랜드의 전통 음악으로부터 영향을 받아 미국 남부에서 형성된 장르다. 이러한 블루스는 이후 재즈, 컨트리, 리듬 앤 블루스, 로큰롤, 힙합 등 대부분의 미국 대중음악 장르에 결정적인 토대를 제공했다.

기업이 외부 환경으로부터 유의미한 지식을 인식하고 흡수해 조직 내부 역량으로 전환하는 능력은 '흡수 역량Absorptive Capacity'이라 불린다. 단순히 지식을 받아들이는 것을 넘어 그 지식을 해석하고 조직 내 자산으로 재구성하는 과정을 포함하는 개념이다. 미국 음악산업은 외부 음악 문화의 유입, 융합, 재창조의 과정을 반복하며 독보적 창조 역량을 갖추게 됐다.

경쟁우위와 내부자산의 재배열

대중음악은 다양한 음악적 요소가 결합되고 축적된 결과다. 즉 각자 전문성을 가진 음악가 혹은 지역 고유의 개성이 융합한 결과다. 기업도 각 산업에 축적된 전문 지식과 경험을 서로 결합하려면 단순히 혼합해서는 안 되고 융합해야 한다. 그렇게 탄생한 혁신적 신제품은 새로운 수요를 만든다.

이러한 맥락에서 데이비드 티스David Teece 등이 주장한 '동태적 역량Dynamic Capabilities'이라는 개념은 유용한 시사점을 제공한다. 동태적 역량이란 변화하는 환경에 맞춰 내부 자산을 끊임없이 재배열하고 새롭게 조합해 경쟁우위를 창출하는 기업의 능력을 말한다. 음악 장르의 진화는 바로 이러한 자산 재배치의 대표 사례다.

대중음악 최초의 세계적 신제품은 로큰롤이었다. 블루스와 컨트리뮤직이라는 이질적인 두 장르의 축적이 리듬 앤 블루스를 거쳐 로큰롤이라는 경이적 장르를 탄생시켰다. 그리고 엘비스 프레슬리를 통해 전 세계 대중에게 전파됐다. 이질적 정체성이 만나 완성된 로큰롤은 지배자와 피지배자의 역사, 흑인과 백인의 감성, 종교와 노동의 체험이 결합한 혁신의 산물이었다.

소외된 흑인들은 로큰롤의 주도권이 백인 음악가들에게 넘어간 이후 자신들의 음악적 뿌리로 돌아가 소울을 창조했다. 블루스, 재즈의 기초 위에 흑인 교회의 가스펠 리듬을 담은 소울은 이후 펑크, 디스코, 어반 소울, 힙합으로 분화된다. 그 기저에는 고도의 리듬 숙련도, 장르 간 유기적 접합, 정체성에 대한 집요한 탐색이 있었다.

개인을 넘어 조직의 변화로

이렇게 음악이 융합된 이후 다양한 장르의 밑거름이 된 데는 미국의 철저한 기록과 보존 문화가 작용했다. 미시시피의 61번 고속도로와 블루스 트레일, 로버트 존슨Robert Johnson의 크로스로드, 선 스튜디오, 로큰롤 명예의 전당 등은 관광지로서 또 교육적이고 산업적인 자산으로서 기능하고 있다. 음악의 축적은 기억의 저장에서 출발하며 이를 보존하고 계승하려는 태도에서 완성된다.

이는 '조직 학습Organizational Learning' 이론의 실천적 사례로도 해석할 수 있다. 조직 학습 이론은 개인의 경험을 집단화하고 그 지식이 전사적으로 확산해 궁극적으로 조직의 구조와 전략에 영향을 미친다고 본다. 다시 말해 학습은 개인이 아니라 조직 전체의 변화로 이어져야 지속가능하다는 것이다.

예를 들어 엘비스 프레슬리가 어머니의 생일 선물로 목소리를 녹음했던 멤피스의 선 스튜디오는 당시 사용했던 마이크와 녹음실이 그대로 보존돼 있다. 이 작은 시작은 음악산업에서 축적의 상징이 됐고 교육적이고 문화적인 자산으로 기능하고 있다. 또한 미국 곳곳에 존재하는 명예의 전당 제도는 아티스트들에게 동기를 부여하며 그들의 업적과 전문성이 역사로 남을 수 있도록 기록하고 계승한다. 이렇게 시스템화된 축적은 장인의 탄생을 유도하며 음악이 장기적으로 발전하는 데 결정적 기반이 된다.

기록은 과거를 저장하는 수단인 동시에 미래 창작을 가능케 하는 기반이다. 전설적인 음악가들의 작업 환경뿐만 아니라 그들이 사용한 악기와 악보까지 보존하는 일은 창작의 유산을 후대에 전승할 수 있도록 중요한 문화적 자산을 남기는 것이다. 이러한 전승의 구조는 마이클 폴라니가 말한 암묵지Tacit Knowledge의 중요성과도 맞닿아 있다. 암묵지는 지식의 한 종류로서 말이나 글로 전달되기 어려운 기술, 감각, 판단력을 말한다. 암묵지는 숙련, 관찰, 모방을 통해 세대를 이어 전수된다. 결국 장르의 정체성과 생명력은 기록과 함께 암묵지의 축적으로 더욱 견고해진다.

차별화의 가치

블루스, 재즈, 록, 소울 등은 기본기, 기술, 경험, 고귀한 음악적 정신이 축적된 음악이다. 펑크Funk 또한 고도로 정교한 리듬, 재즈적인 관악 파트의 연주, 소울의 정서가 복합된 장르였다. 반면 기초가 경시된 디스코는 유행의 흐름에 탑승한 반짝 장르로 인식됐고 음악 애호가들로부터 반발을 샀다. '디스코 데몰리션 나이트Disco Demolition Night'는 그 상징적 장면이었다. 1979년 7월 12일 미국 시카고의 코미스키 파크에서 열린 이 이벤트는 야구 경기 중간에 디스코 음반을 경기장 한복판에 모아놓고 폭약으로 폭파한 퍼포먼스로 유명하다. 수천 장의 디스코 음반이 실제로 불태워지고 폭파됐으며 디스코에 대한 강한 반감과 대중의 저항이 상징적으로 표현된 사건이었다. 1980년 그래미상에서는 디스코 부문이 글로리아 게이너 Gloria Gaynor의 「아이 윌 서바이브」 will survive」 이후 폐지될 정도로 제도적 반발도 있었다. 이는 음악성보다 유행과 마케팅에 기대는 장르에 대한 업계의 명확한 태도를 보여준다.

그러나 그 반발 속에서 등장한 것이 힙합이었다. 디제이 쿨 허크 DJ Kool Herc는 디스코 음반 대신 리듬 앤 블루스와 펑크를 브레이크 구간 중심으로 재편집하고 그 위에 랩과 춤이 결합한 문화를 만들었다. 이때 브레이크 구간에 춤을 추기 위해 나온 이들을 브레이크 보이Break-boy라 불렀다. 이를 줄인 말이 비보이B-boy다. 이들이 추는 춤은 브레이크 댄스로 불렀다. 힙합은 브레이크비트, 비보이, 거리 공연 등과 함께 비주류에서 가장 빠르게 주류가 된 리더형 장르, 즉 음악산업을 전반적으로 이끄는 장르로 떠올랐다. 단순 모방이 아니라 기술과 지역에 따른 차별화로 성장한 힙합은 이후 글로벌 장르로 확산했다.

축적 기반의 혁신

장르의 발전과 융합은 우연이 아니라 오랜 시간에 걸친 실패, 실험, 기록과 보존의 결과다. 기업 경영 역시 이와 다르지 않다. 특히 다음과 같은 기업 사례는 대중음악의 축적과 닮았다. 3M은 초기의 실패 사례와 샘플까지 전사적으로 보관한다. 실패한 접착제가 훗날 포스트잇으로 재발명됐다. 이는 축적된 실험의 자산화였다. 토요타는 '지식의 현장화'를 강조한다. 생산라인 개선 과정에서 나온 현장 직원의 노하우는 모두 '표준 작업서'로 기록돼 축적되며 '부단한 개선Kaizen'의 원천이 된다. 넷플릭스는 A/B 테스트를 통한 실험 데이터를 집요하게 축적한다. 축적한 시청자 데이터와 반응은 향후 콘텐츠 기획, 추천 알고리즘, 사용자 경험 설계의 기반이 된다. 화웨이는 내부에서 실패한 기술이나 연구개발 자료를 내부 논문처럼 저장하고 신입 연구원 교육에 필수 사례로 활용한다. 이는 경험의 아카이브를 통해 불필요한 반복을 줄이고 자산을 전사적으로 공유하는 방식이다.

  기업의 진정한 혁신은 단기 성과보다 장기적 경험의 축적에서 비롯된다. 장르 간 융합에서 가장 중요한 것은 각 분야의 기초다. 준비되지 않거나 탄탄한 기초를 갖추지 않은 산업 간 융합은 독이 될 수 있다. 기업 역시 기초 기술과 핵심 역량에 대한 장기적인 투자를 선행한 후에야 비로소 융합을 시도할 수 있다. 트렌드에 휘둘려 단기 성과에 집착하기보다는 탄탄한 기반 위에서 전략적 융합을 추진해야 지속가능한 경쟁력을 확보할 수 있다. 단기 성과 중심의 문화를 장기 축적 중심의 문화로 전환하려면 실패를 수용하고 기억을 기록하며 지식을 계승하는 구조가 마련돼야 한다.

조직 진화와 축적의 시스템화

대중음악의 발전은 조급함과는 거리가 먼 지난한 축적의 과정이었다. 각 장르가 융합되기까지의 긴 여정은 산업이 창조적 전환을 이루기 위해 무엇을 준비해야 하는지를 말해준다. 단순한 이종교배가 아니라 지식과 감성 그리고 기술과 경험의 융합이 있었기에 가능한 일이었다.

기업도 마찬가지다. 조직이 진화하려면 단기 유행이나 외형 확장보다 경험과 실험의 기록, 기술과 문화의 보존, 실패를 자산으로 전환하는 내부 시스템이 있어야 한다. 음악이 우리에게 들려주는 가장 큰 교훈은 바로 축적의 리듬이다. 그 리듬을 이해하는 조직만이 긴 호흡으로 시대와 함께 나아갈 수 있다.

2
축적과 실패, 창조의 힘

실패는 감추고 싶은 부끄러운 일이라는 인식이 유난히 강한 대한민국. 서점에는 성공 사례를 소개한 책들이 넘쳐나고 대다수 기업은 '성공의 법칙'과 '비결'에 매달린다. 그러나 겉으로는 성공만 보이는 초일류 기업의 이면에는 수많은 실패와 시행착오의 흔적이 자리하고 있다. 화려한 무대에서 주목받는 정상급 가수들 역시 수많은 실패와 좌절의 시간을 견뎌냈다. 실패를 성공의 발판으로 삼은 기업과 음악가들의 사례는 실패 또한 충분히 가치 있는 자산이 될 수 있음을 보여준다.

실패와 성공의 이면

대중음악의 수많은 기록을 보유한 비틀스조차 데뷔 초기에 큰 실패를 겪었다. 1962년 데카 레코드의 오디션에서 책임자 딕 로 Dick Rowe는 "기타가 주된 악기인 밴드는 이제 한물갔다."라고 말하며 비틀스와의 계약을 거절했다. 이 결정은 이후 '대중음악 역사상 가장 어리석은 결정'으로 불리게 된다. 하지만 데카 레코드는 그 실패를 계기로 롤링스톤스와 계약을 체결하며 또 하나의 전설을 만든다.

내가 속한 밴드 '다섯손가락'이 데뷔를 준비하던 시절, 우리가 보낸 데모 테이프는 국내 모든 음반사에서 거절당했다. 하지만 마지막으로 어렵게 계약한 음반사에서 발매한 첫 앨범은 60만 장 이상 판매됐다. 그리고 가슴네트워크와 음악평론가 52인이 선정한 '한국 대중음악 100대 명반'에 55위로 이름을 올렸다. 거절을 통해 단단해진 의지, 그것이 결과적으로 음악 인생의 초석이 됐다.

희자매로 데뷔했던 가수 인순이는 다문화 가정 출신이라는 이유로 국제가요제 출전을 스스로 포기했다. 그러나 이후 조피디와의 「친구여」, 이적과의 「거위의 꿈」 같은 협업곡을 통해 새로운 음악적 세계를 열었다. 변화와 도전은 그녀를 다시 무대 중심으로 이끌었다. 이와 유사한 사례는 음악계 곳곳에서 반복된다. 오디션 프로그램에서 화려하게 데뷔했던 장재인은 가요계의 부침과 건강 문제를 겪으며 한동안 무대에서 멀어졌다. 그러나 그 시간은 오히려 내면을 깊이 들여다보는 계기가 됐다. 산문집 『타이틀이 필요할까』를 출간하며 자신만의 언어로 삶을 노래하는 작가로 거듭났다. 중심 무대에서 이탈한 경험은 그가 더 깊고 다층적인 예술가로 성장하는 기반이 됐다.

호주의 싱어송라이터 시아Sia는 비욘세Beyoncé, 아델Adele, 리한나Rihanna 등 수많은 뮤지션을 위해 곡을 썼지만 거절당했다. 그는 거절당한 곡들을 모아 『디스 이즈 액팅This Is Acting』라는 앨범을 발매했다. 그리고 "이 앨범은 내가 아닌 다른 사람을 위해 만든 곡들로 연기하듯 부른 음악이다."라고 밝혔다. 이 앨범의 한 곡인 「칩 스릴Cheap Thrills」은 빌보드 핫 100 차트 1위를 차지하며 또 다른 성공을 창출했다.

비슷한 방식으로 실패를 정면 돌파한 사례로 2020년 미국 오디션 프로그램 「아메리칸 아이돌American Idol」 우승자 저스트 샘Just Sam이 있다. 그는 우승 직후 대형 음반사 할리우드 레코드와 계약했지만 앨범 하나 내지 못하고 계약이 종료돼 음악계의 냉혹한 현실을 체감해야 했다. 이후 그는 뉴욕 지하철에서 다시 거리공연을 하며 생계를 이어갔고 팬들 사이에서는 '불운한 천재'로 기억됐다. 그러나 2024년 다시 「아메리칸 아이돌」 무대에 올라 감동적인 복귀를 알렸다.

실패를 통한 성장

이 주제는 경영학 이론 중 하나인 '경로 의존성Path Dependence'으로 설명할 수 있다. 경로 의존성은 브라이언 아서Brian Arthur와 폴 데이비드Paul David가 주창한 개념으로 기업이나 조직이 과거에 채택했던 선택과 관행에 지나치게 의존하면서 새로운 변화나 혁신의 타이밍을 놓치게 되는 현상을 말한다. 초기 기술적 선택이나 제도적 결정이 비효율적임에도 되돌릴 수 없는 경로로 굳어지는 현상을 설명하는 데 자주 인용된다. 대표적인 사례로는 쿼티 자판, 베타 대 VHS 전쟁, 코닥의 디지털 대응 실패 등이 있다. 기존 경로에서 과감하게 벗어나지 못한 것이 구조적 실패로 이어진 사례들은 많다.

오늘날 혁신의 아이콘으로 여겨지는 애플조차 과거엔 실패의 대명사였다. 1993년 PDA 제품 '뉴턴Newton'은 기대를 모았지만 5년 만에 단종됐다. 1996년 출시된 게임기 '피핀Pippin'은 역사상 가장 실패한 게임기로 기록됐다. 2000년의 '파워맥 G4 큐브Power Mac G4 Cube'와 2005년 애플이 모토로라와 협업해 출시한 휴대전화 '로커Rokr E1'는 모두 시장의 기대를 충족하지 못하고 조기에 단종됐다. 그러나 이러한 실패는 이후 아이패드, 맥북, 아이폰과 같은 혁신 제품의 개발에 있어 중요한 학습의 계기가 됐다. 특히 로커는 애플이 하드웨어와 소프트웨어 통합의 한계를 경험하게 했고 독자적인 스마트폰 생태계를 구축하는 결정적 계기를 마련했다. 일론 머스크는 "실패는 옵션 중 하나이며 실패하지 않았다는 건 충분히 혁신적이지 않았다는 뜻"이라고 말했다.

최근 사례로는 IBM의 '왓슨 포 온콜로지Watson for Oncology' 프로젝트가 있다. 2011년 IBM은 인공지능 왓슨Watson을 활용해 암 진단과 치료를 지원하는 시스템을 개발했다. 그러나 의료 현장의 복잡성과 데이터 부족 등 현실의 벽에 부딪혀 프로젝트는 실패로 돌아갔다. 이 사례는 기술 혁신이 실제 현장에 적용되기 위해서는 철저한 검증과 현실적 접근이 필요함을 보여준다.

경로 의존성과 변화

기업이 실패하는 이유는 무엇일까? 삼성경제연구소는 그 원인을 네 가지 키워드로 정리한다.

첫째, '과욕'이다. 과욕은 성공에 도취한 기업이 무분별한 확장을 시도할 때 나타난다. 1997년 애플에 복귀한 스티브 잡스가 가장 먼저 한 일은 200개가 넘는 제품군을 정리하고 단 4개의 핵심 제품에 집중한 것이었다.

둘째, '타성'이다. 타성은 변화에 대한 두려움이다. 디지털카메라를 세계 최초로 개발했음에도 필름 판매 감소를 우려해 상용화를 미룬 코닥은 변화의 흐름에서 도태됐다. 넷플릭스가 스트리밍 플랫폼을 제안했을 때 이를 거절한 블록버스터 또한 기존 시장에 대한 타성에서 벗어나지 못한 실패 사례다.

셋째, '착각'이다. 착각은 기업 내부의 자신감이 고객의 기대와 괴리될 때 발생한다. 2013년 구글은 '구글 글래스Google Glass'라는 웨어러블 기기를 출시했지만 사생활 침해 논란과 기술적 미비 탓에 조기 퇴출당했다.

넷째, '자아도취'다. 자아도취는 기술과 제품 중심의 사고에서 비롯된다. 테슬라의 사이버트럭은 출시 지연과 생산 차질로 비판받았다. 기술에 대한 과도한 자신감은 제품의 상용화 과정에서 시행착오를 초래할 수 있다.

실패 기반 학습과 조직문화

'실패 기반 학습Failure-Based Learning' 이론은 크리스 아지리스Chris Argyris와 도널드 쇤Donald Schön의 조직학습 이론, 칼 와이크Karl Weick의 의미구성Sense making 이론에 뿌리를 두고 있다. 실패를 실수나 부끄러움으로 보지 않고 전략적 전환의 단서이자 조직 역량을 재구성할 기회로 보는 관점이다. 이 이론에 따르면 실패는 조직의 학습과 혁신을 유도하는 촉매로 작용할 수 있다. 따라서 실패를 낙인 찍기보다 학습 자산으로 바라보는 조직문화가 필요하다.

조직 구성원이 실패를 피해야 할 결과보다 학습 자산으로 볼 수 있게 하는 데 중요한 것은 조직의 태도다. 미국 실리콘밸리에서는 2008년부터 '페일콘Failcon'이라는 이름으로 실패를 공유하고 학습하는 콘퍼런스가 매년 열리고 있다. 아마존은 실패한 프로젝트에 대해 '무엇을 시도했고 무엇을 배웠는가?'에 초점을 두는 내부 보고 체계를 가지고 있다. 구글 또한 '실패에서 배우기'를 장려한다.

실패를 기술과 사람의 힘으로 극복한 또 하나의 사례는 컨트리 뮤직의 전설 랜디 트래비스Randy Travis다. 그는 2013년 뇌졸중으로 쓰러져 말도 노래도 할 수 없는 상황에 놓이고 말았다. 하지만 2024년 인공지능의 힘을 빌려 신곡 「웨어 댓 케임 프롬Where That Came From」를 발표해 팬들에게 감동을 선사했다.

국내 일부 대기업과 기관들도 실패를 재도전의 자산으로 전환하는 프로그램을 운영하고 있다. LG전자는 사내 스타트업 인큐베이팅 프로그램 'LG랩스'를 통해 실패한 프로젝트를 재구성하거나 외부와 연계함으로써 지속가능한 혁신을 도모하고 있다. 또한 우리 정부는 '삼세번 펀드'라는 이름으로 5,000억 원 규모의 재기 지원 정책자금을 조성했다. 이를 통해 기술력은 있으나 사업화에 실패한 기업을 대상으로 자금, 컨설팅, 마케팅을 지원하고 실패 기업 대표의 연대보증을 면제하겠다는 계획이다.

일본 프로 야구의 명장 노무라 가쓰야의 말처럼 실패에는 반드시 이유가 있다. 실패의 이유를 이해하고 분석하고 공유할 수 있다면 곧 자산이 된다. 창의성은 리스크를 동반하고 혁신은 리스크를 두려워하지 않는 조직에서 나온다. 음악의 세계든 기업의 세계든 실패는 어두운 그림자이기만 한 것이 아니다. 실패는 다음 무대를 준비하는 찬란한 조명일 수 있다.

3
이상함, 위대함의 시작

낯섦과 파격의 명작

한국 대중음악사에서 '웰메이드 뮤직', 즉 잘 만들어진 음악이라는 개념을 대표할 수 있는 음반은 단연 유재하의 유일한 정규 앨범이다. 25세에 세상을 떠나기 전 단 한 장의 앨범만을 남긴 그는 그 짧은 음악 인생만으로도 한국 대중음악사에 지대한 영향을 미쳤다. '한국 대중음악 100대 명반'에 들국화에 이어 2위로 선정된 그의 유작은 명반이 갖춰야 할 구성, 사운드, 서정, 완성도를 모두 갖춘 작품으로 평가받는다.

하지만 이 앨범은 발표 당시에는 오히려 '이상한 음악'이라는 평가를 받기도 했다. 당시 일부 방송 PD들조차도 쉽게 이해하기 어려운 낯선 음악이라는 이유로 외면했다. 유재하의 음악이 생소하게 느껴졌던 이유는 바로 그 '새로움'에 있다. 한양대학교 음대에서 클래식을 전공한 유재하는 실내악 형식, 재즈 화성, 세심한 편곡을 대중가요에 도입했다. 이것은 1980년대 대중음악 문법에 비춰 '파격'이었다. 그는 작사, 작곡, 편곡은 물론 연주까지 모두 맡아 완성도를 높였다. 당시 존재하지 않았던 싱어송라이터형 뮤지션의 완성형 모델을 제시했다.

이처럼 초기에는 낯설게만 여겨졌던 유재하의 음악은 시간이 흐르며 '위대한 시도'로 평가받고 있다. 이는 기업의 역사에서도 자주 목격되는 일이다.

혁신의 망상과 불가능

버진 그룹의 창립자 리처드 브랜슨은 우편 판매로 음반을 유통하며 사업을 시작했다. 이후 열기구로 대서양을 건너는 기행으로 종종 '이상한 사람'이라고 평가받기도 했지만 음악 산업과 항공 산업 모두에서 파격적 성공을 거두었다.

테슬라는 한때 '망상'으로 불리던 전기차 사업으로 조롱받았다. 2009년 워런 버핏의 파트너 찰리 멍거는 '테슬라가 실패할 모든 이유'를 공개적으로 말하기도 했다. 하지만 테슬라는 2020년 시가

총액 기준 세계 최대 자동차 기업이 됐고 오늘날 전기차 전환의 상징이 됐다.

넷플릭스 역시 초기에는 느린 회선 속도, 저작권 문제, 콘텐츠 수급의 어려움 등으로 '불가능한 모델'이라는 조롱받았다. 그러나 그로부터 10년 후 전통적 비디오 대여점 블록버스터는 파산했으나 넷플릭스는 연 매출 300억 달러가 넘는 스트리밍 제국으로 성장했다.

'익일 배송'이라는 개념도 처음에는 터무니없는 상상처럼 여겨졌다. 페덱스의 설립자 프레더릭 스미스Frederick Smith는 익일 배송 아이디어를 대학 시절 과제로 제출했다. 교수는 실현 가능성이 작다고 판단해 C 학점을 줬다. 그러나 프레더릭 스미스는 아이디어에 대한 신념을 포기하지 않았다. 1984년 멤피스에 대규모 물류 허브를 설치하면서 '허브 앤 스포크Hub and Spoke' 방식의 혁신적 물류 시스템을 현실화했다. 이 구조는 하나의 중심 기지Hub를 통해 여러 지역 거점Spoke을 효율적으로 연결하는 방식이다. 페덱스는 이를 통해 익일 배송을 상업적으로 실현하며 물류 업계의 판도를 뒤바꿨다.

디테일과 완성도

유재하의 음악은 악기의 선택부터 연주법 그리고 음 하나의 위치까지 집착할 정도로 정교하게 설계돼 있다. 20세기 모더니즘 건축을 대표하는 독일 출신 건축가 루트비히 미스 반 데어 로에Mies van der Rohe는 '형태는 기능을 따른다.'라는 철학과 함께 "신은 디테일 속에 있다."라는 말로도 잘 알려져 있다. 그는 극장 설계를 맡을 때 못 하나까지 직접 고를 만큼 디테일에 집착했던 인물이다. 유재하의 음악 또한 작고 정밀한 구성에서 위대한 울림을 만들어낸다는 점에서 그의 철학과 닮았다.

이러한 접근은 경영학에서 전사적 품질 관리TQM, Total Quality Management와 부단한 개선Kaizen 철학과도 연결된다. 전사적 품질 관리TQM는 조직 전체가 품질 향상을 목표로 작은 공정부터 개선하고 세부 요소까지 일관성 있게 관리하는 것을 강조한다. 유재하가 작곡, 편곡, 연주, 녹음 과정에 이르기까지 직접 완성도를 통제했던 태도는 일관된 품질 관리 체계를 구축한 것과 다름없다.

전사적 품질 관리TQM의 최신 성공 사례로는 일본의 가전업체 파나소닉을 들 수 있다. 파나소닉은 전사적 품질 관리 시스템 P-QMS을 구축해 제품 기획부터 개발, 제조, 사후 서비스에 이르기까지 일관된 품질 기준을 적용하고 있다. 특히 일본 도호쿠 지역의 카가 공장에서는 용접 자동화 로봇 시스템과 공정 시각화를 통해 비용을 40% 절감하고 생산 사이클을 15% 단축하는 혁신을 이루었다. 또한 매년 '글로벌 품질 관리자 회의'를 통해 국외 법인과의 품질 공유 체계를 강화해왔다. 환경을 고려한 '그린 제품' 인증 시스템도 함께 운영하며 품질과 지속가능성의 균형을 추구하고 있다. 미국의 GE도 잭 웰치가 CEO로 재임하던 시절에 전사적 품질관리TQM을 전사적 문화로 정착시키며 생산성과 고객 만족도 모두에서 괄목할 만한 성과를 냈다. 품질 개선이 기술적 측면만이 아니라 전략적 경영 요소로 자리 잡은 것이다.

부단한 개선은 일본 도요타 자동차에서 적용한 경영 철학으로 작은 개선을 반복함으로써 지속적 향상을 이루는 방식이다. 도요타는 생산라인의 현장 작업자들에게도 개선 제안을 권장하며 불필요한 낭비를 줄이고 공정의 효율을 높여왔다. 이러한 철학은 '작은 변화의 지속적 반복이 곧 경쟁력'이라는 믿음을 바탕으로 한다.

유재하가 한 곡을 몇 년에 걸쳐 다듬었던 창작 방식 역시 부단한 개선 정신과 닮았다. 그는 단기간의 급성장이나 히트상품을 추구하지 않았다. 시간이 지나도 감상자를 울릴 수 있는 '완성된 품질'을 목표로 삼았다. 이러한 치밀한 시도는 음악적 완성도뿐만 아니라 예술이 가지는 감동의 내구성에 대한 믿음이기도 했다.

차별성과 진정성

유재하의 음악은 그가 세상을 떠난 후 더 큰 울림으로 확장됐다. 1988년 설립된 유재하음악장학회는 1989년부터 유재하 음악경연대회를 개최하며 수많은 음악가를 배출했다. 유희열, 조규찬, 김연우, 이한철, 정지찬, 방시혁, 스윗소로우 등은 모두 이 대회를 통해 대중에게 알려졌다.

유재하를 음악적 멘토로 삼은 신승훈은 자신의 데뷔일을 유재하의 기일인 11월 1일로 정했다. 프로듀서 김형석은 유재하를 따라 한양대학교 작곡과에 진학했다. 김광진과 김동률 등도 유재하의 음악을 통해 싱어송라이터로 성장했으며 이후 아이돌 그룹 내 멤버들의 작곡 참여가 활발해진 것도 유재하의 영향력으로 볼 수 있다.

유재하는 단 한 장의 음반으로 음악계에 '명품 음악'이라는 개념을 남겼다. 이는 기업 경영에서도 완성도, 차별성, 진정성이 얼마나 중요한지를 보여주는 상징적 사례다. 기업은 속도의 전쟁 속에서 완성도를 잃지 말아야 한다. 이상함을 두려워하지 않는 태도를 통해 산업의 경계를 확장할 수 있어야 한다.

유재하는 음악가이기 이전에 혁신가였으며 이상함에서 위대함으로 나아간 한 인간이었다. 그 정신은 오늘날 기업가, 창작자, 그리고 새로운 길을 모색하는 모든 이에게 깊은 영감을 준다.

4
처음, 도약의 서막

초두효과와 처음의 힘

누구에게나 처음이 있다. 피아노 건반을 처음 두드려본 날이 있고 책가방을 메고 처음 학교에 갔던 날도 있다. 사랑하는 사람을 처음 마주쳤던 어느 거리, 처음 맛본 미지의 음식에 눈이 휘둥그레졌던 어느 저녁. 처음은 늘 어설펐고 익숙하지 않았으며 넘어지기 일쑤였다. 하지만 세상의 모든 위대한 일은 바로 그 처음에서 시작됐다.

다니엘 괴드베르Daniel Goeudevert는 영업사원에서 시작해 폭스바겐 사장에 오른 입지전적 인물이다. 그가 경력 내내 강조해온 것이

바로 '20 이론'이다. 그는 성공이란 처음 20초, 처음 20마디의 말, 처음 20걸음 등 '처음 20'에서 긍정적 생각과 행동을 함으로써 시작된다고 믿었다. 괴드베르의 이론은 행동과 인상 형성의 초기 효과에 관한 심리학 이론과도 맥을 같이한다. 사회심리학자 솔로몬 애쉬는 '초두 효과Primacy Effect'를 통해 인간은 정보의 순서에 따라 판단이 달라지며 특히 초기 정보가 결정적 영향을 미친다고 설명했다. 괴드베르가 말한 '처음 20'은 이와 같은 인지 편향을 실천적 리더십으로 해석한 사례다.

대중음악 역사상 '킹'이라는 고유명사로 불리는 단 한 명은 엘비스 프레슬리다. 엘비스 프레슬리가 학창 시절 유일하게 낙제한 과목이 음악이었지만 이 사실을 아는 이는 많지 않다. 트럭 운전사와 극장 안내원을 전전하며 가수가 되기를 꿈꾸던 프레슬리는 1953년 어머니 생일 선물로 노래를 드리고 싶다는 핑계를 대고 4달러를 내고 선 레코드의 멤피스 레코딩 서비스에서 「마이 해피니스My Happiness」과 「대츠 웬 유어 하트에이크스 비긴That's When Your Heartaches Begin」 두 곡을 녹음했다. 그날 스튜디오 매니저 매리언 키스커 Marion Keisker는 그를 "구걸 온 거지인 줄 알았다."라고 회상했다. 그리고 불과 1년 뒤인 1954년 엘비스는 정식 데뷔 음반을 발매했고 1955년에는 RCA 빅터와 계약하며 전설로 향하는 첫발을 내디뎠다.

계획된 우연과 성장

빌보드 핫 100 차트 1위에 20곡을 남긴 비틀스 다음으로 18곡을 기록하며 2위에 오른 가수는 머라이어 캐리다. 그녀는 원래 푸에르토리코 출신 가수 브렌다 K. 스타의 백업 보컬이었다. 1988년 어느 음반 업계 파티에서 브렌다가 머라이어 캐리의 데모 테이프를 콜롬비아 레코드 사장 토미 모톨라에게 건넨 것이 성공의 계기가 됐다. 토미 모톨라는 차 안에서 무심코 들은 그녀의 목소리에 충격을 받았고 곧바로 그녀를 수소문해 데뷔시켰다. 그녀는 데뷔 음반의 4곡이 빌보드 1위를 달성하며 단숨에 인기 대열에 올랐다. 이후 열정과 성실함으로 경력을 이어가며 세계 최고의 가수가 됐다.

이와 같은 극적 출발은 교육심리학자 존 크럼볼츠가 제시한 '계획된 우연Planned Happenstance' 이론으로 설명할 수 있다. 크럼볼츠는 "우연은 인생을 설계하는 중요한 전략 중 하나"라고 말했다. 그는 인생 경로에서 계획되지 않은 사건이 얼마나 중요한 전환점이 될 수 있는지를 강조했다. 그리고 예기치 않은 기회를 포착하고 성장의 계기로 삼는 '개방성'과 '주도성'을 핵심 역량으로 보았다. 머라이어 캐리처럼 우연한 만남이 인생을 바꾼 사례가 이 이론을 증명한다.

스티비 원더는 1961년 11세에 '리틀 스티비 원더'로 데뷔해 13세에 첫 빌보드 1위를 기록했다. 그의 출발은 '가난' '흑인' '시각장애인'이라는 세 단어로 요약된다. 스티비 원더에게 음악은 어릴 적부터 감각적으로 열려 있던 세계다. 그의 어머니는 아들이 악기를 갖고 놀 때 소리의 질감을 세심하게 느끼며 귀 기울이도록 했다. 어머니와 함께한 이러한 경험을 통해 그는 청각과 감성을 키웠다. 그의 어머니는 그에게 이렇게 말했다. "너는 볼 수 없는 대신 들을 수 있는 특별한 능력을 갖췄단다." 이는 심리학자 하워드 가드너가 주장한 '다중지능Multiple Intelligences' 이론과 연결된다. 가드너는 인간의 지능이 단일한 지표인 아이큐IQ로 환원될 수 없으며 음악, 공간, 신체, 인간관계 등 다양한 분야에서 각각 독립적으로 발달할 수 있다고 주장했다. 스티비 원더와 그의 어머니의 사례는 음악 지능이 어떻게 환경적 감수성과 상호작용 속에서 꽃필 수 있는지를 보여준다.

자기효능감과 성장 마인드셋

IBM의 창립자 토머스 왓슨Thomas J. Watson은 "성공하는 가장 빠른 방법은 실패율을 두 배로 높이는 것이다."라고 말했다. 완벽한 출발을 하는 사람은 거의 없다. 베토벤은 어릴 적 되고 싶었던 직업이 정원사였다. 알 파치노는 영화관 안내원 시절 계단에 비친 자기 모습에 넋을 잃다 해고됐다. 트로트 황제 남진은 데뷔 음반 발표 후 고향으로 돌아가야 했던 시절이 있었다. 가객 김현식도 3집에서야 이름을 알렸다.

BTS는 2013년 데뷔 쇼케이스에서 "살아남겠다."라고 말했지만 이들을 조롱하는 댓글이 따라붙었다. 2020년 기준 국내 연예기획사에 등록된 연습생은 약 1,800명이었으며 데뷔 준비를 하는 지망생은 수만 명에 이른다. 매년 100팀 가까운 신인 그룹이 데뷔하지만 그중 대중에게 이름을 알리는 경우는 극소수다. 엑소의 수호는 중학생 시절 캐스팅돼 6년 반을 연습생으로 보냈다. 트와이스의 지효는 무려 10년을 연습생으로 지냈다.

가수 리한나Rihanna는 바베이도스 출신으로 현지에서 우연히 프로듀서의 눈에 띄어 뉴욕으로 건너가며 음악 인생이 시작됐다. 이후 그녀는 글로벌 아티스트로 성장했다. 2021년에는 바베이도스 정부로부터 '국민 영웅National Hero'으로 공식 추대되며 스타를 넘어 국가적 상징이 됐다. 메조소프라노 조이스 디도나토Joyce DiDonato는 무대에서 다리를 다친 후에도 휠체어에 깁스까지 하고 끝까지 공연을 마쳤다. 유일하게 스카우트되지 않은 성악 아카데미 오디션에서도 끝내 포기하지 않았다.

심리학자 앨버트 반두라는 이러한 출발을 '자기효능감'이라는 개념으로 설명했다. 그는 인간이 특정 상황에서 목표를 달성할 수 있다는 믿음이 실제 행동과 성과를 결정짓는 핵심 요소라고 보았다. 반두라는 "자신이 할 수 있다는 믿음이 없다면 어떤 동기나 기술도 의미 없다."라고 단언했다. BTS, 리한나, 조이스 디도나토의 예는 자기효능감이 개인의 운명을 어떻게 바꾸는지를 보여주는 생생한 사례다.

심리학자 캐롤 드웩은 실패와 좌절 속에서도 배우고 성장하려는 태도를 '성장 마인드셋'이라 했다. 그녀는 스탠퍼드대학교에서 수십 년간 인간의 동기와 성공에 관해 연구하며 "지능은 고정된 것이 아니라 노력을 통해 발전할 수 있는 것"이라는 관점을 제시했다. 처음의 불확실함 속에서도 꾸준히 시도하고 학습하며 앞으로 나아가는 태도는 성장 마인드셋의 실천이다.

프로야구 선수가 첫 안타를 치면 그 공은 본인에게 전달된다. 처음은 그만큼 소중하다. 실패와 좌절로 가득한 시작이라도 결국 이름을 갖게 되는 이들은 모두 그 어설픈 출발을 딛고 일어선 사람들이었다.

처음을 기억하라. 어설프고 익숙하지 않았고 넘어지기 일쑤였던 그 처음의 시절에서 지금의 내가 나아갈 내일을 발견하라. 세상에 이름을 알리는 어려운 행보에는 늘 두 마디의 질문이 함께한다.

"아직도 설레는가?"

"여전히 절실한가?"

5
연습, 가능의 선언

성과를 만드는 연습

즐겨보는 TV 프로그램 중에 「생활의 달인」이라는 장수 예능이 있다. 2005년 첫 방송 이후 20년 가까이 이 프로그램은 삶의 현장에서 신기에 가까운 기술을 가진 사람들을 꾸준히 소개해왔다. 방송에 등장한 달인들의 능력은 놀라움을 넘어 경이롭기까지 하다. 하지만 자세히 들여다보면 그들이 경지에 이른 비결은 단지 '오래 했기 때문'이라는 말로는 충분히 설명되지 않는다. 그들은 마치 한 사람이 열 사람 몫을 감당하듯 짧은 시간 안에 놀라울 정도로 정밀하게 작업을 완수해낸다. 그런 능력의 이면에는 과학적인 훈련, 전략적인 반복, 그리고 무엇보다 '완성에 대한 절실함'이 깊이 스며 있다. 달인은 결코 우연의 산물이 아니다. 그들의 기술은 연습, 실패, 집요함의 총합이다.

몰입 연구의 권위자 미하이 칙센트미하이는 저서 『몰입Flow』에서 '몰입'의 핵심 조건으로 분명한 목표를 꼽았다. 여기서 말하는 목표는 비전이 아니라 지금 이 순간 집중해야 할 과업과 다음 단계의 과업을 명확히 구분하는 실행 중심의 목표다. 심리학자 안데르스 에릭손Anders Ericsson은 연습량보다 연습의 질이 퍼포먼스를 결정짓는다고 강조했다. 그는 예상, 반복, 피드백 속에서 자신을 끊임없이 조정하고 점검하는 과정이야말로 실력 향상의 핵심이라 보았다.

이와 함께 주목할 만한 또 다른 이론으로는 미국의 교육학자 벤저민 블룸Benjamin Bloom이 제창한 '숙달 학습Mastery Learning' 이론이 있다. 블룸은 학습자는 각자의 속도에 따라 충분한 시간과 적절한 피드백을 제공하면 누구나 높은 수준의 성취에 이를 수 있다고 주장했다. 그는 단순 반복이 아니라 목표와 피드백 중심의 구조화된 연습이야말로 '달인'으로 향하는 길임을 강조했다. 이는 피아니스트 임윤찬의 사례처럼 "첫 음이 심장을 강타"해야 한다는 집요함의 미학을 뒷받침한다.

2022년 반 클라이번 콩쿠르에서 최연소로 우승한 임윤찬은 "쇼팽 에튀드 25-7은 첫 두 마디 연습에 7시간을 매달렸어요. 첫 음이 심장을 강타하지 않으면 그건 연습이 아니니까요."라고 말했다. 그는 연습을 기술 습득이 아니라 소리를 통해 작곡가의 의도를 해석하는 도전으로 여겼다. 리스트의 「단테 소나타」를 연주하기 위해 단테의 『신곡』을 외울 듯이 읽었다는 일화는 음악을 통합적 사고로 접근하는 방식의 본보기다. 그는 덧붙였다. "저같이 평범한 사람은 매일매일 연습하면서 진실하게 사는 게 중요한 것 같아요." 이 말은 연습이 능력을 만드는 것이 아니라 사람을 만든다는 사실을 보여준다.

질 좋은 반복의 힘

탁월한 연주자는 수없이 실패하고 마침내 실패할 수 없을 때까지 연습한다. 단순 반복이 아니라 이유 있는 실패와 그에 따른 수정의 연속이다.

재즈계의 전설 찰리 파커Charlie Parker는 한때 미숙한 색소폰 연주자였다. 어느 날 클럽 연주 중 실수를 하자 드러머 조 존스Jo Jones가 심벌즈를 그의 발밑에 던졌다는 유명한 일화가 있다. 그 사건 이후 찰리 파커는 하루 15시간 이상을 연습하며 자신을 극한까지 밀어붙였다. 그 치열한 몰입 끝에 그는 재즈 역사상 가장 위대한 즉흥 연주가로 불리게 됐다. '리코더의 파가니니'로 불린 프란스 브뤼헌 Frans Brüggen은 "맞는 음을 연주할 때까지가 아니라 틀린 음을 연주할 수 없을 때까지 연습하라."라고 말했다.

반복과 조정의 논리는 조직 차원의 학습 이론인 '더블 루프 학습

Double-loop Learning'으로도 확장된다. '이중 회귀 학습'이라고도 번역되는 이 이론은 하버드대학교에서 조직 행동과 학습을 연구한 크리스 아지리스가 제창했다. 아지리스는 행동을 바꾸는 것은 '싱글 루프'라 부르고 그 행동의 전제가 되는 신념과 목표까지 수정하는 것은 '더블 루프'라 명명했다. 찰리 파커는 단순 반복이 아니라 자신의 연습을 의심하고 재구성하는 과정을 통해 진짜 혁신에 도달한 것이다.

조력자와 피드백의 힘

악보는 단지 연주를 지시하는 기호의 나열이 아니다. 그것은 작곡가의 철학이 담긴 사유의 흔적이며 시대의 맥락과 감정이 응축된 언어다. 탁월한 연주자는 악보를 음이 아니라 구조로, 기호가 아니라 감각으로, 문자가 아니라 소리로 이해한다. 이른바 '삼위일체의 해석'이다. 악보를 패턴과 구조로 이해하고, 기호를 음향으로 전환하고, 전체를 예측하며 해석한다. 이러한 감각은 혼자 연습해서는 생기지 않는다. 뛰어난 연주자의 연습 뒤에는 늘 좋은 조력자가 있다.

리스트는 카를 체르니에게 바흐를 배웠다. 베토벤은 크리스티안 네페Christian Gottlob Neefe를 통해 바흐를 접하며 작곡의 기초를 다졌다. 재즈 피아니스트 빌 에반스Bill Evans와 베이스 연주자 스콧 라파로Scott LaFaro의 협업은 파트너십을 넘어 상호 자극의 모범이 됐다.

조력자는 때론 평가자이고 때론 동료이며 때론 스승이다. 중요한 것은 혼자서는 연습이 한계에 다다른다는 것이고 함께하는 연습이 진짜 퀀텀 점프를 만든다는 것이다. 이러한 관계의 중요성은 프랑스 사회학자 피에르 부르디외의 '문화자본Cultural Capital' 개념으로 확장할 수 있다. 부르디외는 사람들의 성공에는 개인의 재능뿐만 아니라 그가 접하는 문화, 관계망, 습관적 배경이 결정적 역할을 한다고 주장했다. 체르니와 리스트, 네페와 베토벤, 질리와 파바로티 같은 사제 관계에서 기술 전수뿐만 아니라 문화자본의 이전을 찾아볼 수 있다. 조직도 마찬가지다. 피드백 없는 조직은 맹목적이고 관찰 없는 개인은 자기복제에 그친다. '함께 연습하는 조직' 개념이 이제는 리더십의 기준이 돼야 한다.

연습, 나를 빚는 시간

모든 연습의 시작에는 울림이 있다. 문득 들려온 한 소절의 연주, 어린 시절 손에 쥐었던 악기, 혹은 누군가의 말 한마디—그 감정의 진동이 마음 깊은 곳에 남아 평생을 이끄는 힘이 되기도 한다. 중학생 시절 라디오에서 우연히 들은 이정선의 「산사람」은 어린 내 마음을 강하게 흔들었다. 전주와 간주에 흐르던 낯설고도 매혹적인 하모니카 소리는 수수께끼처럼 느껴졌고 도무지 그 소리를 잊을 수 없었다. 결국 악보집 뒤편에 적힌 전화번호를 보고 직접 전화를 걸었다. "「산사람」에 나온 하모니카가 뭐예요?" 내 질문에 그는 망설임 없이 답했다. "독일의 호너Hohner라는 회사에서 만든 D장조 하모니카란다." 그 짧은 대화는 음악과 세상을 바라보는 내 시선을 근본적으로 바꾸어놓았다.

루치아노 파바로티는 12세에 당대의 거장 베냐미노 질리Beniamino Gigli를 찾아가 물었다. "성악을 얼마나 공부하셨어요?" 그는 "나는 지금도 공부하고 있단다."라고 대답했다. 이후 파바로티는 본격적으로 성악을 배우기 시작해 페루치오 파올리Ferruccio Paoli 밑에서 7년간 철저한 벨칸토 훈련을 받았다. 1961년 이탈리아 레지오 에밀리아 시립극장에서 오페라 『라 보엠』의 로돌포 역으로 데뷔했다. 그리고 1988년 베를린의 오페라 극장인 도이체 오퍼 무대에서 『사랑의 묘약』을 공연하며 165번의 커튼콜을 끌어내는 기염을 토했다.

파블로 카살스는 95세에도 하루 6시간 연습을 했다. 누군가 이유를 묻자 그는 이렇게 대답했다. "나는 지금도 조금씩 나아지는 걸 느끼기 때문이죠." 이 한 문장에는 모든 연습의 이유가 담겨 있다. 연습은 능력을 키우는 것 이상으로 존재를 다듬는 일이다. 조직도 브랜드도 사람도 결국 이 원리를 따라간다.

기억하자. 탁월함은 재능이 아니라 태도에서 비롯된다. 연습은 단순한 반복이 아니다. 그것은 매 순간 가능성을 다시 선언하는 행위다. 연습은 가능의 다른 말이다.

6
영감과 고통, 이중의 길

억압과 영감의 순간

　제주도를 언어의 그릇에 담은 시인 이생진은 1991년 출간된 시집 『술과 시인』에서 술 한잔 하자고 찾아온 이장과의 대화를 이렇게 적었다. '술도 못하는 주제에 무슨 시냐?'고 / 그의 외로움을 달랠 수 있는 것은 술이었다 / 나는 그것도 모르고 시만 썼다." 술은 알코올 성분이 들어 있어 마시면 취하는 음료라는 사전적 정의를 넘어 어떻게 마시느냐에 따라 약이 되기도 하고 파멸의 빌미가 되기도 한다.

　심리학자 로버트 W. 위어스Robert W. Wiers와 마이클 A. 필모어

Michael A. Fillmore는 각각 알코올이 인간의 행동 억제 기능을 약화시켜 감정과 충동이 분출되는 과정을 실험적으로 입증한 바 있다. 필모어는 '반응 중지 과제Stop Signal Task' 실험을 통해 알코올 섭취 후 전전두엽 기능이 일시적으로 저하되며 행동 통제 능력이 떨어진다는 사실을 밝혔다. 또한 위어스는 음주자들이 '알코올=긍정 감정'이라는 무의식적 연상을 통해 더욱 쉽게 음주 행동을 반복하며, 이 역시 억제 기능의 저하와 연관된다고 설명했다. 억압된 사고와 감정이 풀려나올 때 예술가는 영감의 순간을 경험하기도 한다. 하지만 동시에 자제력의 붕괴와 자기 파괴적 행동의 시작점이 되기도 한다.

시인과 음악가에게 술은 오랜 벗이자 영감을 불러오는 마법의 음료였다. 이백과 두보는 술을 먹물 삼아 시를 썼다. 조지훈 시인은 술 마시는 단계를 18단계로 분류하며 주도유단酒道有段이라 했다. 그는 "많이 안다고 교양이 높은 것이 아니듯 많이 마신다고 주격이 높은 것은 아니다."라고 썼다. 천상병 시인은 술을 인생의 괴로움을 달래주는 존재로 여겼다. "술에 취하는 것은 죄이지만 조금씩 마시는 것은 죄가 아니다."라며 자신의 평생 벗인 술을 변호했다. 음악가들 또한 술과 깊은 인연을 맺었다. 베토벤은 식사 때마다 와인을 곁들였고 세상을 떠나기 직전 출판사에서 보내온 와인을 바라보며 "아깝다. 너무 늦었어."라는 유언을 남겼다. 브람스는 위스키 잔이 넘치면 핥을 정도였다. 무소륵스키는 병원에 입원 중에도 브랜디를 즐겼으며 42세 생일에 세상을 떠났다. 김광석은 동물원 활동 당시 술에 취해 택시 기사에게 "저희 동물원이에요."라고 말했다가 실제 동물원 앞에 내려졌다는 일화도 있다.

기원전 주나라의 『시경』은 모두 노래 가사였다. 한국 시조의 본래 명칭 '가곡'은 시조가 음악적 형식을 가졌음을 보여준다. 서정시를 뜻하는 영어 '리릭lyric', 독일어 '뤼리크Lyrik' 모두 고대 그리스의 악기 '리라lyra'에서 유래한 말이다. 가곡 「세월이 가면」은 1956년 명동의 막걸릿집에서 박인환이 시를 쓰고 이진섭이 곡을 붙여 테너 임만섭이 처음 불렀다고 전해진다. "지금 그 사람 이름은 잊었지만 / 그 눈동자 입술은 내 가슴에 있네" 박인환은 이 시를 쓰고 일주일 만에 세상을 떠났다. 광복 이전 가요는 '가요시'라 불릴 만큼 시의 성격이 강했다. 1970~1980년대 정호승의 시들은 노래로 다시 태어났다. 작가이자 음악가였던 레너드 코헨은 14개의 정규 앨범과 12권의 시집을 남겼다. 정지용의 「향수」는 김희갑을 만나 불멸의 노래가 됐다. 류근의 시와 김광석의 곡이 만난 「너무 아픈 사랑은 사랑이 아니었음을」은 여전히 많은 이의 가슴을 울린다.

회복탄력성과 성장

심리학자 베르나르트 A. 네이스타트Bernard A. Nijstad와 마테이스 바스Matthijs Baas는 창의성 연구에서 '이중 경로Dual Pathway to Creativity' 이론을 제안했다. 이 이론에서 창의성은 인지적 유연성과 동기적 몰입이라는 두 경로를 통해 나타난다고 설명했다. 알코올은 그중 인지적 유연성을 일시적으로 확장하는 효과가 있다. 그러나 동시에 몰입을 방해하고 집중력과 자기 통제력을 약화하는 이중성을 지닌다. 이 이론은 술이 예술가에게 때로는 영감의 도구가 되지만 지나칠 때 창작의 기반을 해치고 삶 전체를 붕괴시킬 수 있다는 점을 잘 설명한다.

술은 예술가의 삶을 해치는 칼날이 되기도 했다. 빌리 홀리데이는 알코올 중독으로 44세에 세상을 떠났다. 한영애는 술로 인해 오랜 공백기를 보낸 뒤 1988년 「누구 없소」로 복귀했다. 이 곡은 그녀를 한국 블루스의 대명사로 만들었다. 제임스 테일러James Taylor는 "술을 끊지 않았다면 살아 있지 못했을 것"이라 고백했다. 레드 핫 칠리 페퍼스Red Hot Chili Peppers의 기타리스트 존 프루시안테John Frusciante는 술로 인해 치아와 피부를 잃었다. 그는 "술이 주는 창작력은 모두 가짜였다."라고 회상했다. 에릭 클랩튼은 1987년 중독 재활 프로그램 참여 이후 회복에 성공했다. 이러한 변화는 긍정심리학에서 말하는 '회복탄력성Resilience'과 '외상 후 성장Post-Traumatic Growth' 개념과 연결된다. 심리학자 리처드 테데스키Richard Tedeschi와 로렌스 캘훈Lawrence Calhoun은 개인이 고통스러운 경험을 겪은 후 오히려 삶에 대한 깊은 통찰과 공동체 기여로 나아가는 과정을 설명한다. 이때 회복은 회피가 아니라 적극적인 자기 재구성이라고 강조했다.

에릭 클랩튼은 알코올을 끊은 것에서 그치지 않았다. 자신의 음악과 삶을 재정립하고 타인을 돕는 활동으로 확장했다. 1992년 「티어스 인 헤븐Tears in Heaven」을 발표하고 앤티가섬에 '크로스로드 센터'를 설립했다. 이후 그는 기금 마련을 위한 크로스로드 기타 페스티벌을 개최하며 회복 공동체를 지원하고 있다. 엘튼 존은 재활 이후 「더 원The One」「서클 오브 라이프Circle of Life」등으로 화려하게 복귀에 성공했으며 지금은 에이즈 퇴치와 중독 예방 활동에 헌신하고 있다.

술 없이도 통하는 조직 구성원

조직행동론에서 심리학자 데니스 루소Denise Rousseau는 심리적 계약 개념을 통해 구성원과 조직 사이의 비공식적 기대와 신뢰가 조직문화의 지속가능성을 좌우한다고 설명했다. 가령 회식 문화의 변화는 제도적 조정이기보다 새로운 세대의 기대에 부응하고 조직 내 심리적 계약을 재정립하려는 시도다. 강요 없는 회식과 음주 없는 소통은 구성원이 조직에 대해 갖는 정서적 유대를 회복하는 중요한 단서가 된다.

미국 질병통제예방센터CDC는 음주로 인한 생산성 손실이 연 2,490억 달러에 달한다고 밝혔다. 한국에서도 2019년 '직장 내 괴롭힘 금지법'이 시행돼 음주 강요는 법적 제재 대상이 됐다. 카카오는 2016년부터 '근무 시간 내 술 없는 회식'을 정착시켰다. SK그룹은 '술잔을 비우는 조직문화'를 선언했다. 넥슨은 보드게임 회식을 도입했다. 아모레퍼시픽과 NHN은 회식 자율화와 회식비 대체 제도를 운용 중이다.

찰리 파커는 술과 약물로 인해 무대에서 자주 정신을 잃었다. 빌리 홀리데이는 몸에 상처를 입고도 노래를 불렀다. 술은 감정을 표현하게도 했지만 결국 감정을 잠식했다. 브루스 스프링스틴Bruce Springsteen은 "나는 술 대신 고요한 밤 산책과 일기 쓰기로 감정을 조율한다."라고 말했다. 오늘날 더 많은 예술가와 기업 구성원이 자율성과 회복력을 중심에 둔 창작과 업무 수행 방식을 선택하고 있다. 좋은 술, 가슴으로 쓴 시, 고운 노래가 사라진 자리엔 술로 인한 사건과 상처가 남는다. 그럼에도 조용히 맑은 술 한잔을 채우고 나지막하게 노래를 불러본다.

4장

지속가능한 사랑,
시대를 초월한 가치

1
지속가능성의 향기

오래된 물건, 음악, 존재의 추억

창고에서 50년은 족히 넘었을 오래된 주판을 우연히 발견했다. 어린 시절 이 주판으로 주산 학원에서 숫자 165를 주판에 계속 더해가며 손가락 연습을 했다. 그 세월의 흔적이 이끼처럼 사이사이에 스며 있는 주판은 여전히 제 기능을 다하고 있다. 오래된 전화기도 슬며시 미소 짓게 한다. 0번부터 10번까지 동그란 구멍에 손가락을 넣고 돌리면 '차르르' 제자리로 돌아가는 소리가 좋았다. 이 번호와 저 번호를 돌리다가 "여보세요." 하는 수화기 목소리에 황급히 전화기를 내려놓던 기억도 선명하다.

한 해에 휴대전화 1,200만 대가 중고로 버려지는 시대에 오래된 물건, 오래된 노래, 오래된 사람은 세상의 모든 진부함을 더해도 모자랄 존재가 돼버렸다. 필기체 알파벳 쓰기 숙제를 펜촉에 잉크를 묻혀가며 써 내려가던 그 느릿느릿한 필기의 추억은 전광석화보다 빠르게 한 손으로 휴대전화 자판기를 두드리는 현재에 화석이 되고 말았다. 테드 데이브Ted Dave는 질리면 버리고 신제품이 나오면 바꾸는 현대의 새것 중심주의에 반기를 들고 '아무것도 사지 않는 날'이라는 캠페인을 펼쳤다. 그는 "냉정함을 유지하고 쇼핑하지 마라Keep calm and Don't shop."를 외치며 그의 좌우명 "충분한 만큼 충분하다."를 실천하고 있다.

충분함의 미학과 느림의 가치

일본의 디앤디파트먼트D&Department는 의미 있는 사물의 가치를 알고 오래 사용하는 것을 기업의 사명으로 삼는다. 이들은 디자인과 재활용을 융합한 방식으로 지속가능한 소비 문화를 만들어가고 있다. 2002년부터는 '60 비전'이라는 프로젝트를 추진해왔다. 디앤디파트먼트의 철학은 단순한 복고가 아니라 '가치의 지속'이라는 개념을 통해 소비의 방향을 전환하려는 시도다. 오래가는 제품을 다시 발견하고 그것을 오늘의 미학과 윤리로 재해석한다. 이러한 흐름은 디자인을 통한 사회적 혁신이 어떻게 가능할지를 보여주는 사례이기도 하다.

이 프로젝트는 제2차 세계대전 이후 재건과 부흥의 시대가 일단락된 1960년대 세계적으로 일어난 '튼튼하고 오래가는 디자인'에 대한 재조명 운동에서 출발했다. 당시 만들어진 내구성 높은 제품들을 다시 들여다보며 좋은 물건이 지닌 진정한 가치를 현대 소비자에게 새롭게 전달함으로써 큰 반향을 일으켰다.

인생의 어느 순간을 떠올리며 잊지 못할 장소를 하나쯤 갖고 있고 그곳이 아직도 존재한다면 사람들은 그 포근한 위안이 두드리는 토닥임에 안도하게 될 것이다. 자고 나면 생겨나고 또 사라지는 창업과 폐업의 시대에 청주에 있는 중국집 대동관은 약쌀이라 불리는 홍미로 면을 만들어 51년째 짜장면을 4,500원의 가격에 내놓는다. 사람들이 이곳에서 먹는 것은 맛을 뛰어넘는 위안일 것이다.

지금 글을 쓰고 있는 2025년에도 여전히 50년 전인 1975년 발표된 퀸의 「보헤미안 랩소디」가 온종일 세상에 울려 퍼진다. 크리스마스 캐럴은 아직도 편곡만 손질한 옛날 것들이다. 지금도 누군가의 생일날엔 100년도 넘은 「해피 버스데이 투 유Happy birthday to you」를 부른다. 1966년 발표된 비틀스의 「예스터데이」는 현재까지 2,200명이 넘는 사람들이 리메이크했다. 1936년 독일에서 출간된 『음악가의 필적』이라는 책에는 베토벤이 직접 연필로 적은 9번 교향곡 「합창」의 악보가 실려 있다. 이미 청력을 잃은 그의 귀에는 종이에 연필이 긁히는 소리조차 들리지 않았을 것이다. 하지만 그의 연필은 우리에게 벅찬 환희의 송가를 전해줬다. 작은 칼을 꺼내 연필을 깎고 연필심을 정성스레 다듬는 일은 진부한 유물이 돼버렸다. 하지만 헤르만 헤세는 마흔에 수채화를 시작해 여든다섯의 나이에 세상을 떠날 때까지 그림 3,000여 점의 밑그림을 소설을 쓸 때 늘 애용하던 연필로 그렸다.

사람이 떠난 뒤 그가 쓰던, 도저히 버릴 수 없는 오래된 물건 하나조차 남지 않는 인생은 얼마나 가벼운가. 유럽에서 마지막 남은 귀갑 장인 크리스티앙 보네Christian Bonnet는 150년을 살다가 200킬로그램의 등껍질을 남기고 죽은 바다거북의 등껍질을 재단해 2킬로그램의 판 하나를 만든다. 그리고 오직 자기 손으로만 다듬고 가공해 세상에서 하나뿐인 안경테를 만든다.

크리스티앙 보네는 "나는 손님들의 인생에 참여하는 것이 기쁘다. 내 안경을 쓰고 스페인에 간 손님이 전화해서 '당신이 만든 안경으로 지금 눈부신 광경을 보고 있습니다.'라고 말하더군."이라고 말했다. 자기 손만으로 하나의 안경테가 태어나는 것에 자부심을 느끼는 그는 작업실에 기계를 들여놓지 않았다.

"고집이 없는 인생이란 게 무슨 의미가 있어? 조금이라도 나아지기 위해 할 수 있는 모든 것을 다하는 것이 고집이야."

세월의 흔적과 위안

기업이 100년을 유지한다는 것은 얼마나 어려운 일일까? 전 세계 기업의 평균 수명은 고작 10~20년이며 100년을 한결같이 유지한 기업은 손에 꼽을 정도로 희귀하다. 그렇다면 기업이 이토록 오래 살아남지 못하는 이유는 무엇일까?

첫째, 시장 환경의 변화에 적응하지 못해서다. 한때 세계 휴대폰 시장을 지배했던 노키아는 스마트폰 혁신을 위기로 인식하지 못하고 기존 피처폰 체제에 머무른 채 플랫폼 전환에 실패했다. 마찬가지로 야후는 검색, 콘텐츠, 플랫폼 각 분야에서 연이은 전략 실패를 겪으며 인터넷 초창기 선두 기업이었던 지위에서 밀려났다. 이처럼 기술과 소비자 환경의 변화에 둔감하거나 이를 과소평가한 기업은 도태될 수밖에 없다.

둘째, 경영진의 교체와 느슨해진 리더십이다. 일반적으로 창업자의 도전적 기업가 정신은 후계 경영진의 보수적이고 방어적인 경영으로 몰락의 실마리가 된다. 3대에 걸쳐 기업이 승계될 때 경영 실패 확률이 높아지는 것 또한 기업 역사 속 사실이다.

셋째, 기업문화의 변화와 내부의 균열이다. 기업이 커질수록 관료주의가 팽배해져 의사결정의 속도가 느려지고 내부 정치로 인해 조직의 건전성이 무너지는 경우도 몰락의 원인이다.

넷째, 소비자의 변화다. 시대가 변하듯 소비자의 요구, 기대, 그리고 트렌드가 달라진다. 하지만 기업이 무감각하게 변하고 오만해져서 이 점에 주의를 기울이지 않는다면 몰락은 당연한 결과다.

그렇다면 이러한 사례가 무색할 정도로 오랫동안 역사를 유지하는 기업은 어디일까? 또 그들은 어떻게 장수 기업으로 성장하고 있을까? 일본에는 100년 이상 장수 기업의 수가 5만 개에 달한다. 그중 세계에서 가장 오래된 사찰 전문 건설회사인 곤고구미는 아스카 시대 백제에서 초청된 목수 곤고 시게미쓰(류중광)가 창업한 회사다. 578년에 설립돼 지금까지 1,447년을 지속해온 세계에서 가장 오래된 기업이다. 이 회사는 가족 중심의 장인 기술 승계의 한계를 극복하고 시대의 변화를 이겨내며 흔들림 없는 장인정신과 흉내 낼 수 없는 독보적 목재 가공 기술로 여전히 건재하다. 여기에 고객의 신뢰가 더해져 기업의 지속성을 유지하고 있다. 고집스러운 품질 전략을 고수하는 이들의 행보에 고객의 신뢰와 사회의 인정이 더해져 위기에도 살아남은 것이다.

기네스북에 등재된 세계에서 가장 오래된 호텔은 일본 후지산 인근 야마나시현에 있는 게이운칸이다. 이 호텔(료칸)은 705년에 창업해 52대째 같은 가문이 운영하고 있다. 한 가문이 지속해서 운영한다는 것의 장점은 경영 철학이 일관되고 브랜드 정체성을 지킬 수 있다는 것이다. 그런데 게이운칸은 이러한 장점에 안주하지 않았다. 끊임없이 전통과 현대의 균형을 유지하는 노력을 게을리하지 않는다. 일본 전통 료칸의 외형과 서비스를 유지하되 객실을 현대적으로 바꾸고 와이파이를 제공하는 등 고객에게 서비스와 편의를 제공하는 노력을 계속 고민하고 있다. 또한 세계에서 가장 오래된 호텔이라는 스토리와 기네스북에 등재됐다는 사실을 홍보와 마케팅에 적극적으로 활용해 세계적 인지도를 높이고 있다. 최근에는 온라인 예약 시스템을 도입하고 소셜 네트워크를 활용하는 등 세대 간 소통에도 힘쓰고 있다.

서양에서 가장 오래된 기업은 스웨덴의 스토라엔소Stora Enso다. 1288년에 설립돼 광산 개발과 구리 제품을 생산해온 스웨덴의 스토라Stora AB와 핀란드의 목재와 제지 생산 기업 엔소Enso가 1998년 합병하면서 설립됐다. 현재 세계적 제지 기업으로 737년째 그 명성을 이어가고 있다. 스토라엔소는 시대의 변화에 따른 사업의 다각화로 지속성장하는 대표적 기업이다. 이 회사는 전통 제지 사업에서 벗어나 친환경 사업으로 빠르게 전환을 시도했다. 지속가능한 패키징이라는 핵심 가치를 새로 정립하고 플라스틱을 대체하는 친환경 종이와 판지 등을 개발했다. 현재 코카콜라, 네슬레, 이케아 등 세계적 기업들이 스토라엔소의 패키지를 사용하고 있다.

또한 스토라엔소는 생분해성 패키지와 재활용이 쉬운 소재 등을 연구해 플라스틱 포장과 기능이 유사하면서 친환경적인 포장 솔루션을 제공함으로써 세계 시장을 정복하고 있다. 스토라엔소는 바이오 소재 개발에도 박차를 가하고 있다. 석유 기반 화학 물질을 대체하기 위해 나무에서 추출한 천연 고분자 소재인 리그닌Lignin을 개발해 이를 접착제와 탄소 섬유 등에 적용하고 있다. 다가올 미래를 철저하게 준비하는 스토라엔소는 화석 연료 기반에서 탄소 중립 기술 개발로 사업의 핵심을 옮겨 가고 있다. 바이오 복합 소재인 듀라센스Durasense 등을 개발해 면 소재를 대체하고 철근 콘크리트 대신 대형 목재 패널CLT을 친환경 건축 솔루션의 소재로 제공해 재생 가능한 건축이라는 가치를 정립하고 있다. 스토라엔소는 신문과 출판 시장에서 자사의 주력 사업인 제지 분야를 유지하고 있다. 그러면서 전통적 종이의 비중은 줄여나가고 고급 인쇄용 또는 출판용 종이에 집중해 친환경 고부가가치 제품으로 전환하고 있다.

이처럼 스토라엔소는 전통을 유지하면서도 혁신을 지속하는 자세와 산업의 트렌드를 즉시 반영하는 빠른 실행을 통한 경쟁력으로 지속가능한 경영의 길을 가고 있다.

오래 남는 존재의 아우라

2024년 기준 한국에는 두산, 삼양, 동화약품 등 17개의 기업만이 100년을 지속하고 있다. 우리나라에서 100년을 지속하는 장수기업이 적은 이유로 몇 가지를 들 수 있다. 첫째, 역사적 요인에서 그 원인을 찾아볼 수 있다. 일제 강점기와 한국전쟁을 견디며 수많은 기업이 외부의 힘으로 도태됐다. 둘째, 정부 주도의 급속한 산업 변화로 짧은 기간에 산업구조가 변화함에 따라 기존 기업이 변화에 적응하고 대책을 마련할 시간적 여유를 갖지 못했다. 셋째, 가업 승계에 대한 사회의 부정적 인식 등의 문제로 세대 교체가 원활하지 않은 점도 지적되고 있다. 그 외에 대기업 중심의 산업구조로 인해 중소기업이 지속해서 성장하는 데 취약해 장기적으로 성장할 수 없다는 점과 단기 수익 회수 중심의 성과주의 경영 등이 장수 기업의 성장을 방해하고 있다.

이제라도 오래 살아남은 세계의 기업들과 우리의 현실을 함께 살펴볼 필요가 있다. 그래야만 우리 기업이 지속가능한 생존과 성장을 위해 무엇을 해야 하는지를 분명히 알 수 있기 때문이다.

그 첫 번째 과제는 '혁신의 유지'다. 단순히 전통을 지키는 것이 아니라 시대의 변화에 맞는 혁신을 지속적으로 추구해야 한다. 둘째는 '핵심 가치의 유지'다. 브랜드 철학과 정체성을 지키면서도 유연하게 변화를 수용해야 한다. 셋째는 '지속가능한 성장'이다. 단기 이익이 아니라 장기적인 관점에서 기업의 생존 전략을 수립하는 일은 이제 선택이 아니라 필수적 과제가 됐다. 넷째는 '사회적 책임'이다. 고객의 기대와 사회 환경의 변화에 능동적으로 대응하는 기업만이 신뢰를 얻고 지속가능한 성장을 이룰 수 있다.

오래 남는 것은 그것만의 독특하고도 사람을 끌어당기는 향기가 있다. 그래서 나는 고집 있는 사람이 침묵 속에 만든 한 곡의 음악, 한 그릇의 음식, 하나의 물건이 인생을 오래 잊지 못할 무엇으로 만드는 세상을 꿈꾸며 50년 된 낡은 턴테이블의 바늘을 프랭크 시나트라의 「마이웨이My Way」에 얹어본다.

2
장인정신의 경지

예술과 과학의 교차점

　전 미국 국무장관 콘돌리자 라이스, 전 미국 대통령 해리 트루먼, 전 독일 총리 헬무트 슈미트. 이들은 모두 정치인이면서 피아노를 특별히 사랑한 인물이었다. 우리나라에도 피아노에 대한 깊은 애정과 식견을 지닌 인물들이 있다. 김용연 전 금호아시아나문화재단 부사장, 그리고 최근 전남대학교 철학과에서 퇴임한 김상봉 교수 역시 그 대표적인 예다. 김상봉 교수는 한 인터뷰에서 "피아노는 영혼을 위한 노후 대책이다."라고 말했다.
　한때 피아노는 우리나라에서 특별소비세가 부과되던 사치품이었다. 1980년대에는 삼익피아노가 조흥은행과 함께 자동차 리스처럼 할부 금융 상품을 운용하기도 했다. 콘서트용 그랜드 피아노는 무게가 500킬로그램을 넘고 총 1만 2,000개의 부품으로 구성되며 이 중 약 800개는 정밀 부품이다. 평균 제작 기간은 꼬박 1년이 넘는다. 이런 정교함은 피아노를 악기라기보다 공학, 예술, 장인정신이 결합한 복합 산물로 만들었다.

오늘날 피아노의 전신은 17세기의 하프시코드와 18세기의 클라비코드다. 하지만 음량과 표현력에서 기술적 한계를 지니고 있었다. 이를 근본적으로 바꾼 인물이 바로 바르톨로메오 크리스토포리Bartolomeo Cristofori였다. 그는 1700년경 피렌체에서 건반을 누르는 힘에 따라 해머가 현을 때려 강약을 조절할 수 있는 혁신적 악기를 고안했다. 이 악기는 이후 독일과 영국 등에서 개선되며 현대 피아노로 진화했다.

독일의 요한 안드레아스 슈타인Johann Andreas Stein은 건반의 터치를 개선하고 댐퍼 제어 시스템과 내부 구조를 강화했다. 영국의 존 브로드우드John Broadwood는 악기의 크기와 현의 길이를 확장해 더 풍부한 소리를 만들어냈다. 1820~1850년대에는 수백 건의 피아노 특허가 유럽과 미국에서 출원됐다. 1850~1870년대에는 크로스 스트링Cross-stringing 기법이 도입돼 같은 크기의 피아노에서도 더 풍부한 소리를 구현할 수 있게 됐다.

이 시기에 혁신을 주도한 기업이 바로 스타인웨이Steinway & Sons이다. 스타인웨이는 전 세계 콘서트홀의 98%가 선택한 피아노 브랜드이자 172년 동안 오직 피아노 하나로만 회사를 이어온 명실 상부한 장인 기업이다. 1853년 독일에서 가구와 피아노를 제작하던 하인리히 앵겔하르트 슈타인베크Heinrich Engelhard Steinweg가 미국으로 이주해 네 아들과 함께 뉴욕에 설립했다. 창립 전부터 이미 482대의 피아노를 만들었고 483번째 피아노를 500달러에 판매하며 정식 사업을 시작했다.

브랜드 일관성의 힘

스타인웨이는 피아노에 관한 125개의 특허를 보유하고 있다. 그중 대표적인 것은 두 가지로 하나는 앞서 언급한 크로스 스트링잉Cross Stringing 방식이고 다른 하나는 금속 프레임과 튜닝 핀을 도입해 20톤이 넘는 현의 장력을 견딜 수 있도록 설계한 구조적 혁신이다. 이는 음향학의 대가인 물리학자 헤르만 폰 헬름홀츠Hermann Von Helmholtz의 조언을 바탕으로 개발됐다. 과학과 예술의 협업이 실제로 어떻게 기술적 혁신으로 이어질 수 있는지를 보여주는 대표적 사례다.

헬름홀츠는 저서 『음악 이론의 생리적 기초로서의 음색 감각에 대하여』에서 진동의 물리적 조건과 음정 구조의 생리학적 메커니즘을 체계적으로 정리하며 음악 이론에 과학적 토대를 제공했다. 이 책은 물리, 생리학, 음악학을 통합한 학제적 연구의 전범 사례로 평가된다.

스타인웨이는 그의 이론을 바탕으로 현의 장력, 공명판의 진동 패턴, 음색의 선형성을 피아노 설계에 정교하게 반영했다. 이처럼 과학적 근거에 입각한 장인정신은 스타인웨이를 악기 제조업체에서 '음향 공예의 총체'로 만든다. 공장의 기술자들은 평균 경력 20년 이상의 장인이며 한 대의 피아노가 제작되는 전 과정은 총 400시간 이상이 소요된다. 나무의 건조에만 최소 2년이 걸리고 최적의 습도와 온도를 유지하며 재료를 섬세하게 다루어야 한다.

스타인웨이 피아노는 장인정신의 결정체다. 한 대의 콘서트 피아노를 제작하는 데만 1년 이상이 소요되며 모든 공정은 여전히 수작업 중심이다. 양산 체계를 거부하고 정밀성과 품질을 최우선으로 여기는 이들의 철학은 현대 경영 환경에서는 비효율적으로 보일 수도 있다. 실제로 2013년에는 신제품 수요 감소, 고가 악기의 한계, 디지털 피아노의 급부상 등으로 경영이 악화돼 헤지펀드 폴슨앤컴퍼니Paulson & Co.에 인수됐다. 이에 스타인웨이의 전통이 사라질 것이라는 우려도 있었다. 하지만 현재까지도 이들은 장인의 원칙을 고수하며 세계 최고의 피아노를 제작하고 있다.

경쟁 브랜드들이 디지털 기술, 자동 연주 시스템, 대량 생산 체계로 빠르게 전환하는 와중에도 스타인웨이는 '속도의 미덕'보다 '깊이의 가치'를 추구했다. 야마하Yamaha와 뵈젠도르퍼Bösendorfer 같은 경쟁자들이 제품군 다변화로 시장점유율을 확대하는 동안 스타인웨이는 오히려 단일한 철학에 집중함으로써 '브랜드 정체성'이라는 무형자산을 굳건히 했다. 이들의 전략은 기업 경영 측면에서도 중요한 시사점을 던진다. 브랜드의 일관성과 품질에 대한 집요한 고집이 오히려 충성 고객을 형성하고 장기적으로 생존력을 보장할 수 있다는 것이다.

브랜드 전략의 관점에서 보면 스타인웨이는 '브랜드 확장'보다 '브랜드 정체성의 심화'에 집중한 사례다. 스타인웨이는 기술 혁신보다 제작 철학의 일관성을 택했다. 그리고 대중 시장이 아니라 전문가의 지지를 기반으로 오랜 신뢰를 구축했다. 이는 현대 브랜딩 이론, 특히 케빈 레인 켈러Kevin Lane Keller가 말한 '브랜드 자산 구축Building Brand Equity' 이론과도 맞닿아 있다. 켈러는 브랜드 자산의 핵심은 소비자의 기억 속에 축적된 연상과 경험이라고 말한다. 스타인웨이는 소비자에게 '고급' '정밀' '신뢰' '명성'이라는 연상을 일관되게 심었고 그 결과 브랜드 자체가 하나의 품격이 됐다.

이 브랜드에 얽힌 피아니스트의 일화도 흥미롭다. 이탈리아의 전설적 연주자 아르투로 베네데티 미켈란젤리Arturo Benedetti Michelangeli는 무게 500킬로그램이 넘는 피아노를 투어마다 동행했다. 1965년 일본 공연 중 피아노가 손상되자 이후엔 항상 두 대를 갖고 다녔다. 캐나다의 피아니스트 글렌 굴드는 자신의 스타인웨이 CD 318을 분신처럼 아꼈다. 그런데 연주 중 파손되자 "고故 CD 318"이라 부르며 애도했다. 실제로 굴드는 얼마 지나지 않아 세상을 떠났다.

현대 피아노 연주자 중에도 스타인웨이와 특별한 인연을 맺은 이들이 많다. 랑랑Lang Lang, 유자 왕Yuja Wang, 안드라스 시프András Schiff 등 세계적 거장들은 스타인웨이의 음향적 균형감과 표현력을 극찬하며 자주 사용하는 모델로 선택하고 있다. 이들은 특정 모델의 건반 반응, 저음부의 깊이, 고음부의 맑음 등을 세심하게 비교하며 투어용 악기를 결정할 정도로 스타인웨이의 음색에 민감하다. 실제로 세계적인 피아니스트 랑랑은 스타인웨이와 협업해 자신만의 시그니처 모델을 제작했다. 이 피아노는 현재 전 세계 주요 공연장에서 널리 사용되고 있다.

"많이, 빨리, 효율적으로"가 진리처럼 통하는 시대. 그러나 스타인웨이 피아노는 여전히 느리게, 그러나 정교하게 자신의 품격을 지켜낸다. 오직 피아노 하나로 예술, 과학, 음악과 경영의 경계를 넘나들며 지속가능한 장인정신을 지켜온 이 기업은 우리에게 한 가지 질문을 던진다. "진정한 명품의 조건은 무엇인가?"

3
공정 경쟁의 힘

미8군 무대, 실력주의의 유산

광복 이후 시작된 미군과 한국 음악가 간의 교류는 1955년 일본에 주둔하던 미8군이 한국으로 이전하면서 본격화됐다. 미군 당국은 자국 연예인만으로는 위문 공연 수요를 감당할 수 없다는 한계에 직면했다. 이에 따라 한국 음악가들을 대거 무대에 세우기 시작했다. 이는 결과적으로 한국 대중음악의 현대화와 도약을 이끈 결정적 계기가 됐다.

한국 음악가와 미군의 최초 접점은 1945년 광복 직후 미군정 시절로 거슬러 올라간다. 이 시기 한국 음악가들은 대구와 부산 등의 주둔지에서 주한 미군과 군무원을 대상으로 쇼 무대를 구성했다. 이 무대에서 재즈와 팝을 연주하며 전후 한국 음악은 새로운 길을 열게 된다. 당시만 해도 공연 시스템은 아직 체계적이지 못했다. 그러나 1955년 미8군 사령부가 서울에 주둔하면서 상황은 급변했다. 정기적으로 대규모 공연 수요에 대응하기 위해 한국 연예인을 본격적으로 선발했다. 이에 따라 전문 프로덕션과 오디션 제도가 형성되기 시작했다.

1957년 이후 등장한 화양흥업, 유니버설, 삼진, 공영 등의 쇼 프로덕션들은 미군 클럽과 계약을 체결하고 소속 연예인을 공급했다. 이들은 산하에 밴드, 댄서, 보컬리스트로 구성된 쇼단을 두고 치열한 경쟁을 벌였다. 당시 미8군 무대는 생계가 보장된 유일한 공간이었기에 수많은 음악인이 몰렸고 선발 오디션도 그만큼 까다롭고 철저했다.

미8군 오디션은 6개월마다 미국 현지에서 파견된 전문가 그룹과 미군의 복지 서비스MWRMorale, Welfare & Recreation 담당자가 주도했다. 군악대 출신의 전문 연주자, 클럽 매니저, 필리핀 밴드 리더까지 심사에 참여했다. 기득권이나 연줄은 전혀 통하지 않았으며 오직 실력과 흥행 가능성만으로 평가받는 구조였다. 1차로 개인 또는 그룹 오디션을 보고 2차로 밴드와의 합주 테스트를 거쳐 A, B, C 등급으로 분류됐다. 이 등급은 수입과 무대 배정에 직접적 영향을 미쳤다.

이 오디션 제도는 심리학자 존 스테이시 애덤스John Stacey Adams의

'공정성Equity' 이론으로 설명된다. 애덤스는 개인이 스스로 들인 노력Input과 얻은 보상Output을 다른 사람과 비교해 공정성을 인식하며 불공정이 감지되면 동기가 저하된다고 설명했다. 미8군 오디션은 등급과 수입이라는 보상이 실력과 직접 연결됐다. 그렇기에 참가자들은 이해할 수 있는 기준에서 경쟁했고 자기계발에 몰두했다.

보상과 성장의 구조

1957년 서울의 공장 노동자가 받는 월급은 약 1.5달러에서 4달러 수준이었으나 미8군 A급 연예인의 월수입은 300~500달러였다. 이는 일반 노동자의 100배 가까이 되는 금액으로 그 경제적 위상을 실감케 한다.

기타리스트 신중현은 AA 등급 밴드 리더로 활동하며 월평균 500달러를 벌었다. 이는 단순한 수입 이상의 의미가 있다. 미8군 클럽은 전국에 약 264개가 있었다. 이 클럽들에서 한국 연예인들에게 지급된 월평균 금액은 약 8만~12만 달러로 연간 약 120만 달러에 달했다. 참고로 1950년대 중반 우리나라의 총수출액이 연 100만 달러 수준이었다는 점에서 이 무대의 경제적 규모와 파급력을 실감할 수 있다.

이처럼 보상이 명확한 구조는 앞서 소개한 앨버트 반두라의 자기효능감 이론과 연결된다. 사람들은 자신이 도전한 결과가 실질적 성과와 보상으로 이어질 수 있다는 믿음이 있으면 지속적으로 학습하고 행동한다는 것이다. 미8군 무대는 이러한 심리적 확신을 제공했다. 신중현, 한명숙, 현미, 패티킴 등은 이 무대 위에서 세계적 수준의 음악성과 감각을 키울 수 있었다.

절차적 공정성

미8군 무대는 '철저한 실력 중심 선발'과 '지속적 재평가'를 통한 공정한 경쟁 시스템을 운영했다. 이는 오늘날 글로벌 기업들의 인재 선발 전략과도 일맥상통한다. 기업들은 치열한 시장에서 경쟁력을 유지하기 위해 실력 위주의 선발 시스템을 도입하고 있다. 인공지능 기반 평가, 다단계 인터뷰, 실무 사례 분석 등 다양한 방식을 통해 지원자의 핵심 역량을 객관적으로 평가한다.

그뿐만 아니라 다양성, 형평성, 포용성DEI, Diversity, Equity, and Inclusion은 현대 기업이 중시하는 가치다. 인종, 성별, 출신 배경과 무관하게 다양한 인재를 발굴하기 위해 블라인드 채용이 점차 확대되고 있다. 우리나라 역시 2017년부터 공공기관에 블라인드 채용 제도를 도입했다. 그 결과 비수도권 대학 출신의 합격률이 상승했으며 다양한 배경을 지닌 인재들의 조직 적응도 향상되는 긍정적 효과가 나타났다.

이러한 채용과 평가 구조는 '절차적 공정성Procedural Justice' 이론으로 설명된다. 조직심리학자 톰 타일러Tom Tyler는 사람들이 결과와 더불어 그 결과에 이르는 과정의 공정성을 인식하면 조직을 신뢰하고 업무에 몰입한다고 보았다. 미8군 무대의 오디션 제도는 과정 중심의 정당성을 체화한 사례였다.

독일 기업 SAP는 세계 최대 전사적 자원 관리ERP, Enterprise Resource Planning 소프트웨어 기업이다. 이 기업은 연간 평가가 아니라 상시 피드백 방식의 지속적 성과 관리CPM, Continuous Performance Management를 도입해 직원의 목표와 조직의 전략이 실시간으로 연계되도록 유도하고 있다. 공정성, 지속성, 상시 관리가 결합된 이 시스템은 오늘날 기업 경영의 핵심 역량으로 부상하고 있다.

미8군 무대에서 활동했던 연예인들 역시 위기의식과 절박함 속에서 생존과 성장을 병행했다. 이들은 불안한 시기에 가족의 생계를 책임지기 위해 끊임없이 실력을 갈고닦았다. 냉정한 오디션 제도를 통한 공정한 선발을 믿었고 노력과 실력이 보상받을 수 있음을 경험했다.

오늘날 한국 대중음악이 세계적 수준에 도달할 수 있었던 배경에는 이처럼 '공정한 경쟁'과 '지속가능한 실력주의'를 체화했던 선배 예술가들의 경험이 밑거름됐음을 잊어서는 안 된다. 기업 또한 혁신과 성장을 지속하려면 인재 선발과 육성에 있어 이력과 배경보다는 '실력'과 '공정성'을 기반으로 하는 시스템을 끊임없이 구축하고 점검해야 할 것이다.

K-팝 평가 시스템

미8군 무대에서 시작된 실력 중심의 경쟁 풍토는 오늘날 K-팝 시스템에도 뚜렷이 이어지고 있다. YG, JYP, SM, 하이브 등 국내 대표 기획사들은 연습생 선발부터 데뷔까지 엄격한 내부 평가와 오디션을 반복하며 아티스트의 성장과 잠재력을 정량적이고 정성적인 방식으로 측정한다. 여기에 적용되는 평가 방식은 실기 테스트 외에도 태도, 협업 능력, 정신력 등 포괄적 역량을 반영한다.

예를 들어 JYP의 박진영은 '성실성, 진정성, 겸손함'을 아티스트의 핵심 덕목으로 제시하며 연습생 선발 과정에 명확히 반영하고 있다. 또한 글로벌 오디션 프로그램인 「슈퍼스타K」「K팝 스타」「프로듀스 101」시리즈는 공개형 평가 방식으로 참가자와 시청자가 모두 이해할 수 있는 구조를 만들었다. 미8군 무대가 견지했던 '절차적 공정성'을 오늘날 대중 참여형 엔터테인먼트에 접목한 사례다.

이러한 K-팝 시스템은 글로벌 진출 이후에도 '신뢰 기반의 체계적 제작 시스템'으로 기능하며 전 세계 시장에서 지속적으로 성과를 창출하고 있다. 하이브는 BTS의 성공 이후에도 아티스트 중심의 성장을 강조하며 자율과 책임의 균형 속에서 멤버 각자가 경력을 개발하도록 지원하고 있다. 이는 공정성과 자기효능감이 결합한 선순환 구조를 보여준다.

결국 미8군 무대가 남긴 유산은 무대 경험을 넘어 실력 중심 보상, 명확한 평가 절차, 지속적 성장 시스템이라는 세 가지 축으로 압축할 수 있다. 오늘날 K-팝이 세계 시장에서 신뢰받는 콘텐츠가 될 수 있었던 배경에는 이와 같은 공정성의 문화적 뿌리가 존재한다.

4
문화적 리더십

패션과 음악, 정체성의 상징

트렌드Trend는 경향이나 변동 추세를 의미한다. 패션 트렌드는 시간에 따라 달라지는 옷차림의 흐름을 뜻한다. 모든 트렌드가 그렇듯 패션과 음악의 유행 역시 사회적 분위기와 긴밀히 맞닿아 있다.

예전 사진이나 오래된 잡지를 들춰보다 보면 당시 머리 모양, 화장법, 옷차림을 보고 웃음이 터지기도 한다. 조롱하거나 비웃는 게 아니다. 그 웃음은 과거의 감수성과 풍경이 현재의 우리에게 다정한 복고로 다가오는 순간의 반응이다. 드라마 「응답하라」 시리즈를 보면 '저 시절엔 저런 집에서 저런 머리 모양과 옷을 입고 살았

구나.' 하며 자연스럽게 고개를 끄덕이게 된다. 그만큼 패션은 그 시대의 정서를 가장 직관적으로 보여주는 도구다.

1960년대 이전까지만 해도 패션은 상류층의 전유물이었다. 프랑스를 중심으로 최고급 수공예 의상인 오트 쿠튀르Haute Couture가 등장하며 '보여주는 옷'의 개념이 본격화됐다. 그러다가 1960년대 베이비붐 세대가 성장하면서 10대가 트렌드의 중심으로 떠오르고 젊은 세대의 길거리 유행 패션이 주류로 올라섰다. 1970년대는 디스코와 펑크 음악의 유행과 함께 강렬한 색채와 과감한 스타일이 등장했다. 1980년대는 여피족의 부상과 여성의 사회 진출 확대에 따라 어깨를 강조한 파워 드레싱Power Dressing이 유행했다. 1990년대는 경제 불황의 영향으로 미니멀리즘Minimalism이 강세를 보이게 된다.

이처럼 시대의 흐름에 따라 변화하는 패션은 소비자의 정체성 표현과 밀접하다. 미국의 소비자 행동학자 러셀 벨크Russell Belk가 제창한 '상징적 소비Symbolic Consumption' 이론에 따르면 사람들은 제품을 소비할 때 자기 삶의 태도와 정체성을 드러내기 위한 수단으로 스타일을 선택한다. 벨크는 「소유물과 확장된 자아Possessions and the Extended Self」라는 논문에서 소비자가 소유물을 통해 '확장된 자아'를 형성한다고 주장했다. 특히 의복, 음악, 액세서리 등은 자기표현의 주요 수단이라고 강조한다.

패션의 흐름 속에서 모델은 시대를 상징하는 존재로 자리 잡는다. 최초의 패션모델은 19세기 후반 디자이너 찰스 프레더릭 워스

Charles Frederick Worth가 자기 아내에게 옷을 입힌 것에서 비롯됐다. 모델은 옷을 입는 존재를 넘어 디자이너의 철학과 미학을 온몸에 담아 걷는 '이동하는 정체성'이 됐다. 그들은 대중이 유행을 받아들이는 감각의 기준점이자 시대의 미적 지향을 제시하는 존재가 됐다.

1980년대 지아니 베르사체는 '슈퍼모델'이라는 용어를 처음 사용했다. 신디 크로퍼드, 나오미 캠벨, 클라우디아 쉬퍼 같은 모델들이 전 세계적 스타로 떠오르며 패션계의 주역이 됐다. 1950년대의 당당한 섹시 아이콘, 1960년대의 마른 체형의 트위기, 1970년대 최초의 흑인 모델, 1990년대 이후 케이트 모스처럼 개성을 앞세운 아이콘까지 모델은 늘 시대의 미적 기준을 정의해왔다.

마돈나, 창의성의 확장

1960년대 이후 가수들이 새로운 패션 아이콘으로 부상하기 시작했다. 비틀스는 영국 청년 문화인 모즈Mods 스타일을 통해 단정하면서도 세련된 정장 이미지를 선보였다. 지미 헨드릭스는 히피룩의 상징이 됐다. 데이비드 보위는 젠더의 경계를 허무는 글램룩Glam Look을 선보이며 시대의 감수성을 한층 확장했다.

1981년 MTV의 출범은 패션과 음악의 관계를 근본적으로 변화시켰다. 이제 음악은 듣는 것이 아니라 '보는 것'이 됐다. 뮤직비디오 속 가수들의 스타일은 곧 트렌드가 됐다. 마이클 잭슨, 보이 조지, 조지 마이클의 스타일은 MTV 시대가 만들어낸 새로운 패션 코드였다.

이 시기의 중심에는 마돈나가 있었다. 그녀는 스트리트 시크Street Chic 스타일의 선구자였다. 고무 팔찌, 레깅스, 겉옷으로 입는 속옷 등의 트렌드로 젊은 세대를 사로잡았다. 그녀의 브랜드 감각은 '엠 바이 마돈나M by Madonna' 등으로 확장되며 패션을 음악과 비즈니스 세계를 연결하는 플랫폼으로 만들었다. 이러한 사례는 김위찬과 르네 마보안이 제창한 '블루오션' 전략의 대표적 실현이다. 경쟁이 치열한 시장에서 벗어나 자신만의 창조적 영역을 개척한 전략적 브랜딩이다.

브랜드는 감정과 의미의 교환

레이디 가가는 기괴하고 실험적 스타일로 잘 알려졌다. 하지만 그녀의 패션은 퍼포먼스이자 예술 행위다. 그녀는 '하우스 오브 가가House of Gaga'라는 창작 집단을 통해 무대 의상, 퍼포먼스, 뮤직비디오를 함께 기획하며 고딕 드레스, 소고기 의상, 바닷가재 모자 등 독창적 콘셉트를 시도했다. 그녀에게 의상은 곧 메시지고 무대 위에서의 복장은 하나의 퍼포먼스이자 예술 행위다. 음악, 시각예술, 사회적 발언이 결합된 그녀의 스타일은 '움직이는 예술Installation Art'로 불릴 만큼 강한 상징성과 문제의식을 담고 있다.

이러한 브랜드의 사례는 프랑스 마케팅 석학 장-노엘 카페레Jean-Noël Kapferer가 제시한 '브랜드 자아Brand Identity' 이론과도 깊은 관련이 있다. 카페레는 브랜드를 로고나 이름 이상의 존재로 보았다. 그는 브랜드를 하나의 독립된 '정체성identity'을 가진 문화적 주체로 해석하며 브랜드가 소비자와 맺는 관계는 단순한 거래를 넘어 의미와 감정을 주고받는 상호작용이라고 강조했다. 이를 위해 그는 브랜드의 자아를 육면체로 정리해 브랜드의 본질을 다층적으로 설명한다. 이 육면체는 시각적 요소Physical Facet, 제품 기능Relationship Facet, 문화적 메시지Culture Facet, 자기 이미지Self-image Facet, 성격Personality Facet, 내적 반영Reflection Facet 등으로 구성된다. 이 육면체는 브랜드가 소비자의 삶과 어떻게 의미 있게 연결돼야 하는지를 구체적으로 보여준다. 특히 오늘날 패션 브랜드가 정체성과 문화적 서사를 전략적으로 구축하는 데 깊은 통찰을 제공하고 있다.

또한 더글러스 홀트는 저서 『브랜드는 어떻게 아이콘이 되는가』에서 '문화 리더십Cultural Leadership' 개념을 통해 브랜드가 사회적 갈등과 의미 변화를 선도할 때 아이콘이 될 수 있다고 말한다. BTS, 제니, 레이디가가와 같은 아티스트는 대중문화와 정체성 이슈의 중심에서 브랜드 그 자체로 기능하고 있다.

브랜드와 시대정신

패션과 음악은 유행을 뛰어넘어 동시대를 살아가는 이들의 정서를 입고 생각을 노래하는 하나의 언어다. 스타일은 저마다의 정체성을 드러내는 창이 됐고 음악은 세상의 변화를 반영하는 거울이 됐다. 비틀스의 단정한 슈트, 지미 헨드릭스의 히피룩, 마돈나의 반항적 스트리트 스타일, 레이디 가가의 실험적 퍼포먼스까지 모두가 당대의 감수성, 저항, 꿈을 입고 노래했다. 오늘날 BTS, 제니, 그리고 수많은 새로운 아티스트가 패션과 음악을 넘어 하나의 문화 아이콘으로 자리하고 있다. 그들은 시대정신을 이끌고 새로운 문화를 만들어가는 리더다.

이러한 흐름은 기업에도 중요한 시사점을 준다. 이제 브랜드는 제품을 판매하는 것이 아니라 소비자와 함께 시대를 해석하고 새로운 의미를 만들어가는 '문화적 리더'가 돼야 한다. 브랜드의 정체성은 로고나 광고가 아니라 삶의 태도와 가치를 공유하는 데서 구축된다. 패션과 음악이 시대를 품어왔듯 기업도 자신의 문화적 메시지와 정체성을 끊임없이 재창조해야만 생존하고 지속해서 성장할 수 있다.

패션과 음악은 언제나 그렇게 변하는 세상 속에서 변하지 않는 힘으로 존재해왔다. 앞으로도 시대를 입고 시대를 노래하는 이들처럼 문화적 리더십을 가진 기업만이 새로운 미래를 열 수 있을 것이다.

5
회복탄력성의 팬덤

K-팝 팬덤의 조직성과 회복탄력성의 힘

2011년 일본의 만화가 샤모지(필명)가 그린 웹툰은 소녀시대와 카라를 성 상납 대상으로 묘사하며 일본인의 혐한 정서를 자극했다. 같은 해 일본의 화장품 기업 DHC는 자사의 온라인 방송 DHC TV를 통해 한국 연예인을 향한 노골적 비하 발언과 역사 왜곡적 콘텐츠를 내보내며 혐한 분위기를 더욱 확산했다. DHC 회장 요시다 요시아키는 이후에도 혐한 발언을 반복하며 논란을 키웠다. 이로 인해 한국 내 주요 유통사들이 DHC 제품을 잇달아 퇴출하는 사태로 이어졌다.

DHC TV의 BTS 폄하 보도에도 불구하고 BTS는 2019년 싱글 「작은 것들을 위한 시Boy With Luv」로 일본레코드협회로부터 밀리언 (100만 장) 인증을 획득한 최초의 해외 아티스트가 됐다. 그리고 도쿄와 오사카에서 열린 공연에서 총 21만 명의 관객을 동원하며 글로벌 경쟁력을 갖춘 K-팝의 압도적 현실을 증명했다.

이처럼 K-팝은 혐오와 조롱이라는 외부 공격에 내성을 갖춘 산업이다. 이는 심리학자 앤 매스튼Ann S. Masten이 제시한 '회복탄력성Resilience' 개념과 연결된다. 매스튼은 회복탄력성을 '일상의 기적Ordinary Magic'이라 불렀다. 외부 충격이나 위협에 직면했을 때 개인이나 집단이 긍정적이고 유연하게 대응하며 본래 기능을 회복하는 능력이라고 설명했다.

K-팝 산업은 반복되는 논란과 혐오에도 무너지지 않고 오히려 팬덤의 자발적 대응을 통해 더 단단해지는 구조를 보여주고 있다. 팬들은 뜬소문에 맞서고 SNS 해시태그 운동, 영상 번역, 글로벌 커뮤니티 활동을 통해 아티스트를 적극적으로 지지하고 방어한다. 이러한 맥락에서 K-팝의 팬덤 생태계는 회복탄력성을 실현하는 조직적 주체이자 위기를 기회로 전환하는 집단지성의 상징이라 할 수 있다. 이러한 생태계는 단단한 방어막이자 창작자-소비자-확산자가 결합한 구조로 K-팝의 지속가능성을 이끌어가는 핵심 동력이 됐다.

글로벌 비즈니스 모델의 진화

2003년 일본 대중문화 개방 당시 한국 음악계는 일본 음반과 방송의 유입으로 시장 잠식이 우려됐다. 하지만 2020년대에 접어든 지금 K-팝은 그 우려를 정면으로 뒤엎고 세계 음악산업의 중심에 서 있다. 국제음반산업협회IFPI는 전 세계 음악산업의 트렌드를 조사하는 주요 기관이다. 여기에서 매년 발간하는 「글로벌 음악 보고서Global Music Report」는 음악산업의 흐름을 가늠하는 기준이 된다. 2025년 보고서에 따르면 한국은 세계 음반 시장 7위로 전년 대비 수익이 증가했으며 특히 스트리밍 부문에서 높은 점유율을 유지하고 있다. 반면 일본은 여전히 2위를 차지하고 있으나 피지컬 음반 중심의 산업구조는 디지털 전환 속도에서 한계를 보이고 있다.

J-팝의 정체 원인은 폐쇄적 유통 구조, 디지털 전환 지연, 글로벌 감수성 부재로 요약된다. 아라시나 킨키키즈 등의 유튜브 미공개 전략은 대표적 예다. 반면 K-팝은 유튜브, 틱톡, 스포티파이 등 글로벌 디지털 플랫폼에 민감하게 반응했다. BTS, 블랙핑크, 세븐틴 등은 실시간으로 콘텐츠를 제공하고 전 세계 팬과 직접 소통하며 'Z세대 친화적 브랜드'로 자리 잡았다. 이처럼 K-팝은 음악 콘텐츠를 넘어서 디지털, 브랜드, 플랫폼 전략을 아우르는 종합 문화 비즈니스 모델로 진화했다. 이는 J-팝의 보수적 내수 중심 구조와 대조적이다.

플랫폼 경제와 브랜드 세계관

K-팝의 질주는 민간 기업의 혁신성과 공공 지원이 맞물린 결과다. SM은 다국적 그룹 NCT를 통해 글로벌 팬층을 구축했다. JYP는 일본 현지화를 위한 니지Nizi 프로젝트로 현지 K-팝 수출의 모델을 제시했다.

니쥬NiziU는 JYP와 일본의 대표 방송사인 NTV 그리고 소니뮤직 재팬이 공동 기획한 니지 프로젝트를 통해 탄생한 걸그룹이다. 한국식 트레이닝 시스템과 일본인 멤버 구성을 결합한 하이브리드 전략의 성과로 평가받는다. 니쥬는 일본 현지 팬덤의 문화적 친숙성과 K-팝 시스템의 품질을 접목한 대표 사례로 현지화와 글로벌 전략이 성공적으로 교차한 첫 실험으로 꼽힌다. 특히 하이브는 BTS의 성공 이후 자회사 위버스컴퍼니를 통해 위버스Weverse 플랫폼을 운영하며 K-팝 산업의 새로운 생태계를 구축했다.

위버스는 팬 커뮤니티 기능을 넘어 굿즈 유통, 영상 콘텐츠 제공, 팬 참여형 이벤트 등 다양한 기능을 통합한 플랫폼이다. 하이브는 위버스를 통해 기존 유통사와 방송사 중심 구조에서 벗어나 직접 소비자와 연결되는 B2C 전략을 실현했다. 콘텐츠 기업이 플랫폼을 직접 소유하고 운영하는 이러한 모델은 전통적 음악산업과는 다른 혁신을 보여주는 사례로 평가된다.

그러나 최근에 하이브와 산하 레이블 어도어의 갈등이 수면 위로 드러났다. 어도어 민희진 대표는 뉴진스의 정체성과 창작 주도권을 지키기 위해 하이브의 전속 계약 구조에 이의를 제기했다. 이는 지분 문제에서 나아가 K-팝의 창작 주체성과 IP 소유 방식에 대한 본질적 질문을 던진다. 이 질문은 팬덤의 존재에 대해서도 마찬가지로 생각의 전환을 요구한다. 팬덤 또한 수용자에 머물지 않고 창작자와 경영자 사이에서 의견을 표현하며 생태계의 일원으로 기능한다. 최근 아이브, 세븐틴, 크로스오버 보컬 그룹 에스페로 등은 특정 장르나 정체성을 내세우며 차별화된 브랜드 전략을 펼치고 있다. 이들이 소속된 기업은 팬심을 자산화하고 브랜드를 플랫폼화하며 지속가능한 콘텐츠 경영을 실현하고 있다.

K-팝은 이제 장르를 넘어 팬덤 기반 플랫폼 경제이자 문화산업 그 자체다. 아티스트는 곧 브랜드이며 팬은 소비자이자 동시에 공동 창작자다. 콘텐츠는 팬들의 실시간 반응과 커뮤니티 참여를 통해 끊임없이 재구성되고 확장된다. 최근에는 메타버스 공연, 인공지능 기반 아바타, 디지털 휴먼 기술을 활용한 콘텐츠가 속속 등장하며 미래의 K-팝은 물리적 경계를 넘어선 디지털 정체성으로 진화하고 있다. 예컨대 SM은 '광야' 세계관을 바탕으로 에스파의 인공지능 아바타 '아이æ'를 등장시켰다. 블랙핑크는 메타버스 플랫폼 '로블록스'에서 가상 콘서트를 개최해 수백만 명의 글로벌 팬과 실시간으로 소통하는 공연을 선보였다. 하이브는 인공지능 보컬 기술을 접목한 프로젝트 솔로 아티스트 '미드낫Midnatt'을 통해 음악 산업의 새로운 지평을 열고 있다. 미드낫은 보컬리스트 이현이 인공지능 기반 다국어 음성 기술을 활용해 다중 언어로 노래를 선보

이는 실험적 프로젝트다. 하이브가 인수한 스타트업 슈퍼톤Supertone의 실시간 음성 변환 기술이 적용됐다. 이러한 시도는 아티스트의 표현 영역을 확장하고 글로벌 팬들과 새로운 방식의 교감을 모색함으로써 브랜드 세계관을 확장하는 전략으로 해석된다.

또한 ESG 관점에서 K-팝은 사회적 가치를 창출하는 문화 모델로 주목받는다. K-팝은 ESG를 수익 모델로 삼을 뿐만 아니라 문화적으로 실현하며 공공성과 윤리성을 갖춘 산업으로 진화하고 있다. 팬덤을 통한 기부 캠페인, 친환경 콘서트 기획, 사회적 연대 메시지를 전하는 콘텐츠 등은 문화적 책임의 사례다. K-팝 기업들이 다음 무대를 준비하기 위해 필요한 것은 단기적 유행을 뛰어넘는 '품질의 자산화'와 '신뢰 기반의 브랜드 구축'이다.

"K-팝은 지지 않는다."라는 선언은 오랜 시간 쌓아올린 창의성과 실험 그리고 팬과의 공동체적 신뢰에 대한 자부심이다. 이제 K-팝은 세계 무대에서 더 깊은 정체성과 지속가능성을 설계하는 브랜드로 자리매김하고 있다.

6
오르막과 내리막의 교차점

정상의 자만과 하산의 전략

'이제부터 웃음기 사라질 거야 / 가파른 저 길을 좀 봐 / 그래 오르기 전에 미소를 기억해두자 / 오랫동안 못 볼지 몰라'

윤종신이 노랫말을 쓰고 정인이 부른 「오르막길」은 이렇게 시작한다. 이 곡은 정상에 오르기까지의 시련, 긴장, 고통을 묘사하며 동시에 정점 이후에 대한 성찰까지 품고 있다. 특히 정상을 향해 오르며 웃음을 잃는다는 표현은 경영과 인생의 오르막을 함께 견디는 모든 이에게 상징적 위로로 다가온다.

하지만 실제 산악인에게 "오르는 것과 내려가는 것 중 어느 쪽이 더 어려운가?"라고 물으면 대부분이 "내려가는 것"이라고 답한다. 하산이 어려운 이유는 네 가지를 꼽을 수 있다. 첫째, 정상에 오르느라 체력이 고갈된 상태가 될 가능성이 크다. 둘째, 목표 달성에 따른 안도감으로 긴장이 풀릴 수 있다. 셋째, 출발할 땐 새벽이지만 하산할 땐 대부분 어두울 때다. 넷째, 좋은 날씨에 올랐다면 돌아오는 길엔 악천후를 만날 가능성이 크다.

이는 등산 이야기에만 국한하지 않는다. 인생과 기업 경영에서도 정상을 밟은 그 순간부터 내리막을 준비하지 않는다면 추락은 순식간이다. '정상에서의 자만'은 곧 '몰락의 서막'일 수 있다.

위기의 전조와 자기관리

기업의 역사에도 '하산의 실패'는 늘 반복된다. 2000년대 초반 국내 전자업계를 호령하던 팬택은 휴대전화 디자인과 감성 마케팅으로 일약 스타가 됐다. 하지만 삼성과 LG의 기술 중심 경쟁을 추격하지 못했고 스마트폰 시장의 흐름에 뒤처지며 결국 워크아웃을 거쳤다. 단말기 시장 변화에 적응하지 못한 '정상 이후 하산 실패'의 대표 사례다.

두산그룹 역시 무리한 인수합병과 재무구조 악화로 위기에 봉착했다. 2000년대 중반 두산은 대우건설과 밥캣 등 굵직한 회사들을 인수하고 합병하며 글로벌 두산의 꿈을 키웠다. 하지만 2010년대

들어 건설 경기 침체와 차입 부담이 겹치며 유동성 위기에 빠졌다. 특히 '정상에서의 낙관주의'로 위기 대응에 늦어졌다는 점에서 기업 전략의 교훈으로 남는다.

최근에는 미국의 화장품 브랜드 레브론Revlon의 사례도 주목할 만하다. 100년에 가까운 전통을 지닌 이 기업은 코로나19 이후 급변한 소비 채널 변화, 전자상거래 적응 실패, 공급망 위기 등을 극복하지 못하고 2022년 파산 보호 신청을 했다. 변화에 둔감했던 브랜드 전략, 비효율적인 조직 구조, 불투명한 구조 개편 과정이 결국 발목을 잡은 것이다.

'오르막 이후의 내리막'을 제대로 준비하지 않은 기업의 공통점은 정점에서의 자만과 변화 지연이다. 하산에 성공하려면 새로운 전략의 수립, 냉정한 자기 평가, 환경 변화에 유연하게 대응할 수 있는 조직 구조가 필수다.

전환점의 회복력

가수 휘트니 휴스턴은 팝 역사상 가장 화려한 정상에 올랐던 뮤지션 중 한 명이다. 첫 앨범만으로 2,000만 장 이상의 판매고를 기록했다. 영화 「보디가드」의 사운드트랙인 「아이 윌 올웨이즈 러브 유I Will Always Love You」는 빌보드 싱글 차트에서 14주 연속 1위를 기록하며 전 세계적인 신드롬을 일으켰다. 하지만 그녀의 몰락은 하산이 얼마나 어려운지를 극명하게 보여준다.

남편 바비 브라운과의 불안정한 결혼 생활, 약물 남용과 그로 인한 건강 악화, 반복된 재활 실패는 음악적 역량에도 타격을 주었다. 그리고 복귀 무대에서조차 음정 불안과 체력 저하를 노출하며 안타까움을 자아냈다. 결국 그녀는 2012년 호텔 욕조에서 숨진 채 발견됐다. 찬란했던 커리어의 끝은 대중 앞에서의 비극적인 퇴장으로 마무리됐다.

록 밴드 데프 레파드Def Leppard의 드러머 릭 앨런Rick Allen은 정반대의 사례를 보여준다. 그는 교통사고로 한쪽 팔을 잃었으나 드럼 세트를 개조해 오른팔과 두 다리로 연주하는 법을 익혔다. 복귀 앨범 『히스테리아Hysteria』는 전 세계적인 성공을 거두었다. 그는 이렇게 말했다. "어려움을 겪어보지 않은 사람은 인간이 얼마나 강한 존재인지 알기 힘들다."

아이돌 중에서도 내면의 규율과 자기 단련으로 주목받는 이들이 있다. 스트레이 키즈의 리더 방찬은 단순한 외적 이미지 관리보다 내면의 리더십과 자제력에 집중한 인물이다. 연습생 시절부터 7년간 묵묵히 실력을 쌓으며 팀 전체를 이끌어왔다. 데뷔 이후에도 매일 새벽 연습과 프로듀싱을 반복하는 자기주도적 태도를 유지하고 팬과의 소통도 철저히 관리한다. 그는 자신의 실수를 바로잡기 위한 글을 올리거나 팀 전체의 분위기를 단속하는 리더로서 내면의 힘을 실천으로 증명하고 있다. 그의 절제된 일상과 자기반성적 태도는 외적 완성도를 넘어서 아이돌 그룹이 장기적으로 지속가능한 팀이 되는 데 필요한 심리적 중심축이 무엇인지 잘 보여준다.

이처럼 하산을 준비하는 이들의 공통점은 철저한 자기 관리와 일상의 루틴을 통한 회복력이다. 조직 역시 위기 이후 복원을 위한 프로세스와 문화를 갖추지 않으면 정상의 기억은 오래가지 못한다.

지속가능한 성장의 조건

오르막에서 내리막을 준비하는 전략을 구체화한 기업들도 있다. 덴마크의 맥주 기업 칼스버그도 정점에서 자발적 전환을 실천한 사례로 주목된다. 칼스버그의 창립자 J. C. 야콥센J. C. Jacobsen은 1876년 '칼스버그 재단'을 설립했다. 그는 생전에 자신의 양조장 소유권을 사후에 재단에 기부하도록 정해두었다. 그의 사후 칼스버그는 세계 최초로 재단이 소유한 상장기업이 됐다. 칼스버그 재단은 오늘날에도 회사의 최대 주주로서 기업 경영에 참여하고 있다. 그 수익은 자연과학, 인문학, 예술 분야의 연구와 공공사업에 환원되고 있다. 2024년에 약 9억 5,600만 덴마크크로네DKK를 학문과 문화예술에 지원하며 공익을 실현하고 있다.

또 다른 예는 CEO의 복귀라는 형태로 이뤄진 '정상 이후의 조정'이다. 스타벅스의 하워드 슐츠는 두 차례 CEO에서 물러난 뒤에 위기 상황에서 다시 복귀했다. 그는 현장 바리스타 유니폼을 입고 매장을 돌며 리더십을 재정비했다. 그리고 '제3의 공간', 즉 제1의 공간인 집과 제2의 공간인 직장과 달리 사회적이면서도 편안한 공간이라는 브랜드 가치를 장기적으로 회복했다. 이는 "정상 이후에도 리더는 하산 길을 함께 걸어야 한다."라는 상징적 메시지를 준다.

한국 스타트업 중에서도 '하산에서 다시 정상에 오른' 사례가 있다. 숙박 관리 플랫폼 H20 호스피탈리티는 코로나19로 숙박업계가 침체에 빠졌을 때 매출이 90% 가까이 줄었지만 이를 일시적 위기가 아니라 구조적 전환점으로 받아들였다. 기존의 호텔 자산 관리 시스템PMS, Property Management System을 고도화하고 무인 운영 시스템, 자동 체크인 솔루션, 예약 통합 관리 기능을 대폭 강화했다. 또한 일본과 태국 등 해외 시장에 진출해 각 지역의 온라인 여행사 OTA, Online Travel Agency와 숙박 사업자와 협력하며 사업 모델을 다각화했다. 이처럼 하산의 위기를 기술 혁신과 확장의 기회로 삼은 결과 2023년 흑자 전환에 성공했으며 관광 수요 회복과 맞물려 성장세를 다시 이어가고 있다. 경영진은 당시를 두고 "하산은 끝이 아니라 다시 오르기 위한 정지 작업이었다."라고 회고했다.

전설적 복서 조지 포먼은 "성공했다는 생각은 죽음과의 키스와 같다."라고 말했다. 정점의 기쁨에 도취하지 말고 자신을 객관화하라는 메시지를 담고 있다. 하산은 하락이 아니라 다음 고지로 향하기 위한 '경유지'다. 그 길을 어떻게 설계하느냐에 따라 기업은 오래 기억되는 이름으로 남기도 하고 갑작스레 사라지는 존재가 되기도 한다.

기업이든 예술가든 정상에 오른 뒤에는 '내려오는 일'을 준비해야 한다. 준비된 하산은 '재기'가 되고 '지속가능성'이 된다. 성공 이후를 대비하는 경영의 지혜는 바로 그 내려오는 길에서 드러난다.

7
지속가능한 공헌

사회적 책임과 ESG

기업이 100년 이상 지속되기 위해서는 사회적 공헌과 그에 따른 사회의 지지가 필수다. 이에 따라 봉사나 기부에서 더 나아가 물적 자원과 인적 자원을 적극적으로 투입해 사회 성장에 실질적으로 이바지해야 한다는 인식이 확산되고 있다. 특히 오늘날에는 기업의 매출이나 수익보다 사회에 얼마나 공헌하고 공익을 위해 어떤 노력을 했는지가 더 중요하게 평가된다. 이는 흔히 CSR이라고 하는 기업의 사회적 책임Corporate Social Responsibility을 바라보는 패러다임이 '선택'에서 '전략'으로 이동했음을 의미한다.

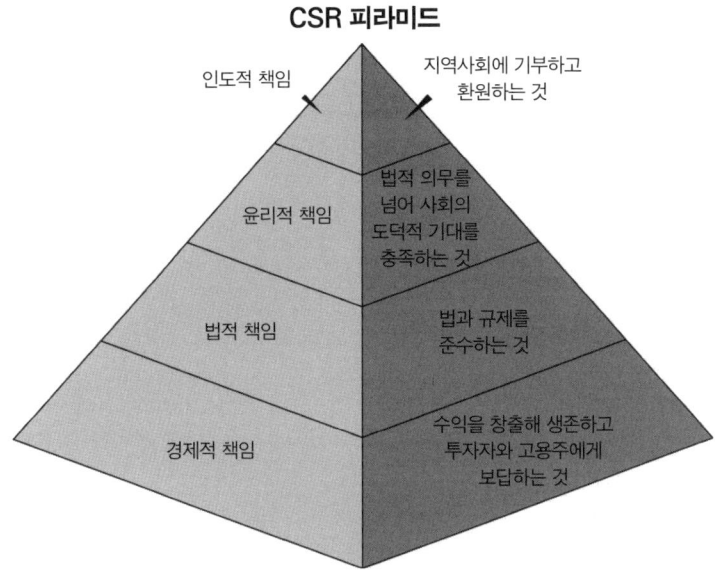

　미국 조지아대학교 명예교수인 아치 캐럴Archie Carroll이 1991년에 제안한 CSR 피라미드에서 기업의 사회적 책임을 네 가지 계층으로 설명한다. 이 피라미드는 오늘날 ESG 흐름으로 확장되며 사회적 가치와 기업의 지속가능성의 중심축으로 작용하고 있다.

　2022년 9월 파타고니아의 창업주 이본 쉬나드는 회사를 지구환경 보호를 위한 신탁에 통째로 기부했다. 이 전례 없는 결정은 기업의 사회적 참여에 새로운 기준을 제시했다. "지구가 우리의 유일한 주주다."라는 그의 선언은 이윤을 환경 보존과 공공재로 환원하는 방식을 넘어선 구조적 공헌 모델의 시작이었다.

　역사적으로 사회 공헌을 실천한 대표적 인물 중 하나는 존 록펠러다. 그는 19세기 석유산업을 사실상 독점하며 막대한 부를 축적했다. 그러나 철도회사에 뇌물을 주고 경쟁사를 탄압하며 노동자를 폭력적으로 다룬 사례 등으로 악명을 얻었다. 그런 록펠러가 1905년 보스턴 교회에 익명으로 기부했을 때 그 돈의 출처가 밝혀진 적이 있다. 그러자 지역사회는 분노했고 루스벨트 대통령은 "그가 아무리 자선해도 악행을 덮지는 못할 것"이라며 비판했다. 결국 록펠러 재단은 정부의 자선단체 인가를 받는 데 3년이 걸렸고 지금도 여전히 순수성을 의심받고 있다.

반면 오늘날에는 기업의 사회적 책임이 핵심 전략으로 자리 잡고 있다. 세계적 투자자 래리 핑크는 연례 서한에서 "이익만 추구하는 기업은 장기적으로 살아남을 수 없다."라고 강조하며 기업의 사회 공헌이 투자 판단의 핵심이 될 것이라 밝혔다. 이는 장기 생존을 위한 이해관계자 중심 경영과 전략적 접근으로서 기업의 사회적 책임이 강조되는 흐름이다.

진정성 있는 공헌

음악가의 공익 활동은 대부분 순수성과 진정성에서 비롯된다. 그 시작을 알린 상징적 무대는 1971년 8월 1일 뉴욕 매디슨 스퀘어 가든에서 열린 '콘서트 포 방글라데시Concert for Bangladesh'였다. 당시 방글라데시는 파키스탄으로부터 독립하기 위한 전쟁을 치르며 수십만 명이 희생되고 1,000만 명이 넘는 난민이 발생했다. 비틀스의 기타리스트 조지 해리슨은 파키스탄 출신 친구 라비 샹카르Ravi Shankar의 요청으로 이 콘서트를 기획했다. 단 두 번의 공연으로 4만 장의 티켓이 4시간 만에 매진되며 약 25만 달러의 수익이 유니세프를 통해 방글라데시에 전달됐다.

해리슨은 "우리가 무엇을 한다는 것은 그것을 더 많은 사람에게 나누려는 의지의 표현이다."라고 말했다. 함께 참여한 에릭 클랩튼은 "음악가라는 사실이 자랑스러웠던 순간이었다. 우리 모두 단 5분도 잘난 척하지 않았다."라고 회고했다. 이는 음악가의 사회 공헌이 내면의 윤리적 책임에서 출발했음을 보여준다.

음악가들의 사회 공헌 활동은 마이클 포터와 마크 크레이머가 제안한 '공유가치창출CSV, Creating Shared Value' 이론과도 닿아 있다. 기업의 사회적 책임CSR이 비용 중심의 활동이라면 공유가치창출CSV은 비즈니스 전략으로 내재화되며 기업과 사회가 함께 가치를 창출하는 구조로 설명된다. 공유가치창출의 대표 사례로 스타벅스를 들 수 있다. 스타벅스는 전 세계 커피 생산자에게 윤리적 거래를 통한 지속가능한 농업 프로그램을 지원함으로써 공급망 안정성과 농가의 삶의 질을 동시에 개선하고 있다.

성악가 김청자는 간호조무사로 독일에 갔다가 뒤늦게 성악가로 성공했다. 그녀는 한국예술종합학교 교수 퇴임 후 아프리카 말라위에 '아프리카 사랑 후원회'를 세워 음악 교육과 생필품 지원을 병행하며 헌신하고 있다. 그리고 "내 생애의 남은 물질과 영혼의 모든 것을 쏟겠다."라고 말하며 루스빌로 뮤직센터를 세우고 말라

위 청소년들의 꿈을 키워주고 있다. 분당의 한 중국 음식점은 매주 금요일 매출 전액을 이 후원회에 기부하며 지역사회의 선한 영향력을 실천하고 있다. 이처럼 비영리 조직이나 예술가도 공유가치 창출 관점을 통해 공공성과 창의성을 동시에 실현할 수 있다.

공유 가치 창출

'이해관계자Stakeholder' 이론은 미국 경영학자 에드워드 프리먼R. Edward Freeman이 제안한 개념이다. 프리먼은 기업이 주주만이 아니라 직원, 고객, 지역사회, 공급업체 등 다양한 이해관계자의 이익을 균형 있게 고려해야 한다고 강조한다. 기업이 지속가능한 가치를 창출하기 위해서는 단기적 이익 추구를 넘어 사회 전체와 장기적 신뢰 관계를 구축해야 한다는 것이다.

이 관점에서 볼 때 단발성 기부나 일회성 사회 공헌은 오히려 진정성을 의심받을 수 있다. 시민사회학자 시드니 버바Sidney Verba는 이를 '정크 푸드 같은 참여Junk food of participation'로 표현했다. 즉 피상적인 디지털 반응이나 캠페인 참여는 겉으로는 참여처럼 보이지만 정작 실질적 영향력이나 숙의 과정은 결여돼 있어 민주주의 건강에 도움이 안 된다는 것이다. 기업이 이해관계자 이론의 취지를 진정으로 실천하려면 일시적 포만감을 주는 기부를 할 게 아니라 공동체의 일원으로서 책임과 신뢰를 축적하기 위해 장기적으로 노력해야 한다.

 아마존의 제프 베이조스는 세계 2위의 부자임에도 자선 활동에 소극적이라는 비판을 받았다. 그의 기부액은 1억 달러 수준으로 빌 게이츠의 3,000억 달러와 워런 버핏의 240억 달러에 비해 크게 낮다. 제프 베이조스는 허리케인 '마리아' 피해 복구 과정에서 아마존이 실질적 기여를 하지 않는다는 비판 여론에 직면했다. 이에 그는 SNS를 통해 "지금 당장 내가 할 수 있는 해결책은 무엇인가?"를 주제로 아이디어를 공모했고 약 4,200개의 제안이 도착했다. 가수 마돈나는 "디트로이트로 와서 나와 함께 직접 행동하자."라고 응답했다. 피상적 기부나 디지털 반응에 그치지 않고 실천적 행동으로 연결하려는 리더십 방식은 이후 '지속가능한 공헌' 모델로 주목받았다.

 이해관계자 이론은 최근 애플과 유니레버의 경영방식에서도 확인된다. 애플은 프라이버시를 고객 권리로 규정하며 제품 개발 전 단계에서 이를 고려한다. 유니레버는 '도브 캠페인'을 통해 여성의 자연스러움을 존중하는 메시지를 전함으로써 고객과 사회와 깊은 관계를 구축하고 있다. 이는 이해관계자를 중심에 둔 전략적 브랜드 운영의 대표 사례다.

 이러한 흐름은 음악가들의 움직임과도 맞닿아 있다. 무대 위 퍼포먼스를 넘어 그들의 선택과 행동이 사회적 메시지와 참여로 이어지는 것이다. 1985년 밥 겔도프Bob Geldof는 영국의 웸블리 스타디움과 미국의 JFK 스타디움을 연결한 자선 공연 라이브 에이드 Live Aid를 개최해 에티오피아 기근을 위한 1억 5,000만 파운드를 모금했다. 이 공연에 수많은 뮤지션이 참여했다. 같은 해 발표된 「위 아 더 월드We Are the World」는 마이클 잭슨과 라이오넬 리치가 작곡하고 퀸시 존스가 프로듀싱한 자선 음반으로 스티비 원더, 신디 로퍼, 레이 찰스, 브루스 스프링스틴 등 최고의 음악가들이 참여해 큰 울림을 전했다.

장기적 신뢰의 구축

음악가의 공익 활동은 이제 단순한 기부에서 환경 보호와 활동의 이행 과정에 대한 투명한 공개로까지 확장되고 있다. 2007년 미국의 전 부통령 앨 고어가 주최한 라이브 어스Live Earth 콘서트는 본 조비, 마돈나, 블랙 아이드 피스 등이 참여하며 전 세계 5개 대륙에서 24시간 생중계로 진행됐다. 2015년에는 폴 매카트니와 션 폴 등이 참여해 환경 캠페인 음반 『러브 송 투 디 어스Love Song to the Earth』를 발매하며 '지구에 로열티를 지불하라.'라는 메시지를 던졌다.

이러한 활동에도 불구하고 비판도 뒤따랐다. 라이브 어스 콘서트에 참여한 아티스트들이 항공편을 이용해 300만 달러에 달하는 탄소를 배출했다는 지적이 제기됐다. 또한 콘서트 수익이 실제 수혜자에게 도달하지 못한다는 문제와 기부금의 투명한 집행 여부에 대한 우려도 제기됐다. 이러한 점에서 기업이든 음악가든 '어떻게 기여하느냐?' 못지않게 '누구에게 어떻게 전달하는가?'도 중요한 과제가 된다. 이러한 기준을 종합적으로 제시하는 개념이 ESG다.

한편 영화 제작자 마크 존슨Mark Johnson은 거리의 뮤지션들을 연결해 앨범을 발매하는 '스탠드 바이 미Stand by Me' 프로젝트로 유튜브 조회수 4,300만 회를 기록했다. 이 연대를 통해 소외 지역에 음악학교를 세우는 플레잉 포 체인지Playing for Change 재단을 설립했다. 이는 대형 스타뿐만 아니라 무명의 뮤지션들도 음악을 통해 공익에 기여할 수 있음을 보여준다. 기부는 가진 자만의 몫이 아니다. 미얀마는 세계기부지수 1위를 차지했다. 특히 낯선 사람에게 기부하는 항목에서 세계 최고 수준이다. 한국 역시 작은 실천과 진정성을 통해 인류의 행복에 이바지하는 나라가 돼야 하지 않을까?

이제 사회는 "무엇을 주었는가?"보다 "어떻게 살아왔는가?"를 묻는다. 기부는 일회성 이벤트가 아니라 관계의 시작이어야 한다. 사회 공헌은 전략이 아니라 철학이 돼야 한다. 진정한 사회 공헌은 브랜드의 메시지가 아니라 조직의 일상 속 태도에서 드러나야 한다. 음악가는 때로 한 줄의 선율로 세상에 말을 걸고 단 한 번의 무대로 진심을 나눈다. 기업도 그렇게 말을 걸어야 한다. 조용하지만 분명하게, 손익을 계산하지 말고 믿음을 주는 방식으로.

사람들은 기업의 광고보다 기업의 태도와 선택을 오래 기억한다. 공익과 창의성의 결합은 선택이 아니라 함께 살아가는 세상을 위한 책임이다.

5장

음악과 혁신, 시간과 철학

1
시간의 미학, 정성의 혁신

요리와 음악을 즐기는 인류

어린 시절 내가 살던 동네에는 여기저기에 공터가 많았다. 공터의 공사 현장에 쌓인 모래 산과 원통형의 시멘트 배관은 아이들의 작은 놀이동산이었다. 하루 종일 놀던 아이들에게 "밥 먹어라." 한마디는 순식간에 발걸음을 집으로 되돌리는 마법의 언어였다. 집마다 밥 짓는 시간은 일정했기에 아이를 부르는 어머니의 외침에 동네의 공터는 한순간에 적막해졌다.

지구상에서 인간은 유일하게 요리하는 종이자 음악을 작곡해 즐기는 존재이기도 하다. 요리와 음악은 우리의 조상들이 대대로 전해준 지극히 개인적이고 따뜻한 사랑에 대한 기억을 일깨운다. 나는 언젠가 할머니께서 직접 만들어주신 따뜻한 음식을 떠올리듯 툇마루에서 불던 돌아가신 아버지의 하모니카 소리를 잊지 못한다.

　사랑하는 사람을 위해 직접 요리를 하는 것만큼 시간이 헛되지 않은 노동이 있을까? 발코니 아래에서 사랑하는 임의 창문이 열리기를 고대하며 밤새 세레나데를 부르던 중세 젊은이들의 설렘을 안고 우리는 주방으로 돌아가야 한다. 인공지능이 인간 대신 작곡을 하는 컴퓨터 앞을 떠나 피아노와 하모니카에 따뜻한 손과 입을 맞춰야 한다.

의미 있는 느림

　작가 로라 샤피로Laura Shapiro는 저서 『완벽한 샐러드: 세기 전환기의 여성과 요리』와 『오븐에서 나온 음식: 1950년대 미국의 저녁 식사 재발견』에서 현대인이 요리 그 자체보다는 편리성과 효율성을 우선시하는 경향을 분석했다. 그녀는 "현대인은 요리는 남에게 맡기고 자기 일을 더 하는 것이 경제적이라고 믿고 있다."라고 지적한다. 가정식 문화의 변화를 20세기 중반 미국 여성이 가정과 부엌에서 분리된 일상과 함께 설명했다. 산업화와 여성의 사회 진출이라는 명분 아래 식품회사들은 '간편하고 효율적인 식사'를 미덕처럼 홍보했다. 하지만 결과적으로는 가족의 식탁과 공동체의 문화를 무너뜨리는 계기가 됐다. 샤피로의 주장은 요리의 사적 영역이 상업적 논리에 종속되며 인간의 삶에서 '의미 있는 느림'이 사라졌다는 통찰을 담고 있다. 실제로 현대 미국인 가정의 평균 요리 시간은 25분에 불과하다. 1960년대의 60분에 비해 절반도 안 되는 시간을 주방에서 보내는 것이다.

식품회사들은 "요리는 우리가 할 테니 당신은 여가를 즐기세요."라며 주방으로부터의 해방을 현대사회의 가치로 포장했다. 공장 요리가 보급되며 음식 문화는 공급 주도형으로 바뀌었다. 기업의 과제는 소비자의 식욕을 조정하고 자극해 최대한 많이 소비하게 하는 것이 됐다. 그 결과 세계보건기구WHO에 따르면 2022년 기준 전 세계 성인 비만 인구는 8억 명을 넘어섰다. 국제당뇨연맹IDF은 당뇨 인구가 5억 3,800만 명에 달한다고 발표했다.

최근 파격과 성찰을 겸비한 음악 프로듀서 이랑은 "지금 음악은 속도와 알고리즘에 맞춰 요리된 음식 같다."라고 비판했다. 대규모 기획사에서 공급 주도형으로 만들어내는 음악은 식품산업이 가공식품과 첨가물로 입맛을 조정하듯 기획이 수요를 창출하는 구조와 유사하다. 몇 초 안에 귀를 사로잡고 중독성을 갖는 구조의 음악은 소비자의 감성을 자극하는 '상품'으로 치환돼 진정성과는 멀어진다.

기다림의 가치

요리란 당장은 맛있지 않은 자연의 재료를 물에 끓이고 불에 구워 맛있는 무언가로 만드는 경이로운 작업이다. 음악과 요리는 공통으로 시간의 산물이다. 18세기 독일 계몽주의 철학자이자 미학자로 문학과 예술 이론에 지대한 영향을 끼친 고트홀트 레싱은 예술 현상을 시간과 공간의 원리에 따라 시간예술과 공간예술로 구분했다. 그 이후 음악은 가장 순수한 시간예술로 정의됐다.

재료에 시간을 더해 미각을 충족시키던 과거의 요리에 비해 현대의 요리는 시간을 잃어버렸다. 들녘에서 여문 배추와 무를 자연이 선물한 소금과 양념에 절여 땅에 묻어두고 기다림 끝에 서걱서걱 썰어 밥상에 올리던 김치는 오늘날 젊은이들에게 먹지 못할 음식 취급받는다.

평생 여섯 장의 앨범만을 발표하고 일흔 살에 세상을 떠난 음유 시인 조동진의 느림을 이해하는 사람의 수는 적다. 미생물학 박사이자 베네딕트회 수도자인 노엘라 마르첼리노Noella Marcellino 수녀는 전통 방식으로 천연치즈가 만들어지는 과정을 "부패와 분해로 더 좋은 것을 만들어내는 발효의 과정에서 무의식적으로 죽음을 직면하고 직시하는 것"이라고 말했다.

요리와 음악은 모두 기다림을 담는 그릇이다. 고온의 오븐에서 천천히 익어가는 빵처럼 잘 빚어진 선율은 빠르게 만들어질 수 없다. 스티브 잡스가 매킨토시 컴퓨터의 부품 정렬까지 집착했던 이유는 '보이지 않아도 알아차리는 디테일' 때문이었다. 요리와 음악도 그와 같아야 한다.

이러한 느림과 축적의 철학은 기업 경영에서도 유효하다. 그 대표적인 사례가 일본의 무인양품MUJI이다. 무인양품은 화려한 광고나 빠른 트렌드에 휘둘리지 않고 단순함과 실용성이라는 본연의 철학을 오랜 시간에 걸쳐 일관되게 쌓아왔다. 결과적으로 무인양품은 글로벌 시장에서 '브랜드 없는 브랜드'라는 독특한 정체성으로 충성 고객을 확보하고 있다.

독일의 고급 가전 브랜드 밀레는 '항상 더 나은Immer Besser'이라는 슬로건처럼 120년 넘게 기술력과 내구성을 중심으로 꾸준히 신뢰를 쌓아왔다. 빠른 성장을 추구하기보다는 제품 하나하나의 품질과 수명에 집착한 전략이 오히려 장기적인 시장 지배력을 만들어냈다.

이처럼 느리고 정직하게 다져진 기업은 일시적 유행에 휘둘리지 않고 오래 살아남는다. 결국 요리, 음악, 기업은 모두 시간을 담는 그릇이다.

축적과 깊이

기업 차원에서도 요리와 음악의 사례에서 지혜를 구하는 경영적 시선이 중요하다. 맥도날드는 한때 전 세계에서 가장 성공한 외식 브랜드였다. 하지만 지나친 표준화와 메뉴의 획일화는 소비자 경험을 제한했다. 일본과 한국 등 아시아 시장에서는 현지 소비자와의 지역적 연결이 약해지면서 브랜드 이미지에 부정적인 영향을 미쳤다. 또한 메뉴 다양성이나 건강식품에 대한 대응이 늦어지면서 시장 점유율 역시 하락세를 보였다.

반면 '한국적 재료와 방식'을 고집하며 미슐랭 스타를 획득한 '정식당'은 콘텐츠의 정체성과 완성도를 집요하게 고집함으로써 고객에게 선택받았다. 마찬가지로 음악산업에서도 공급 중심의 기획형 콘텐츠보다 아티스트의 정체성과 서사가 강조되는 콘텐츠가 장기적으로 팬덤과 수익을 견인하는 추세다. 하이브의 방시혁 의장이 강조하는 '서사의 중심에 있는 음악'이라는 기획 철학도 이와 맥을 같이 한다. 콘텐츠가 빠르게 소비되는 시대일수록 천천히 빚어진 음악이 오히려 더 오래 살아남는다.

정직의 철학

"우리 후손들에게 맡깁시다. 그들이 미지의 땅을 갈아엎고 바꾸고 복구하고 경작해나갈 것입니다."

작곡가 올리비에 메시앙Olivier Messiaen이 말년에 미래 음악에 관한 질문을 받았을 때 한 말이다. 그렇다. 복구하고 경작하는 것이다. 이것이 바로 음악과 요리의 미래이며 콘텐츠 경영의 본질이다.

대중문화와 식문화는 자극을 넘어 진정성으로 회복돼야 하며 속도가 아니라 축적의 미학으로 돌아가야 한다. 요리와 음악은 모두 정성과 기다림 그리고 철학을 담는 그릇이다. 기업 경영이든 개인 창작이든 '빨리'보다 '깊이'가 살아남는다.

2
작은 무대, 위대한 혁신

실험의 무대, 소극장

한두 사람이 올라가면 비좁아 보이는 무대. 계단형 객석에 앉은 관객들은 서로의 기척을 느끼며 공연을 기다린다. 배우의 땀방울, 거친 숨소리, 관객의 침 삼키는 소리까지 고스란히 전해지는 이 공간은 공연장의 규모와는 무관하게 가장 진실한 감동을 주는 장소다. 조명이 꺼지고 다시 켜질 때 배우의 인사에 화답하는 박수는 마음과 마음이 만나는 소리다. 이런 장면은 과거의 기억이자 오늘의 질문이다. 우리는 왜 다시 소극장을 그리워하게 됐을까?

19세기 말 유럽에서 대형 극장의 상업적이고 오락 중심 기획에 반발해 예술의 진정성을 회복하려는 이들이 있었다. 1887년 프랑스의 앙드레 앙투안André Antoine이 '자유극장'을 열었고 독일과 영국에도 '자유무대'와 '독립극장'이 생겨났다. 이 소극장들은 규모와 수익보다 내용과 실험에 집중했다. 예술이 하나의 기업이라면 소극장 운영자는 고위험 고가치의 창업자였다. 그들의 무대는 이윤 대신 철학을 중심에 두었다. 그것이야말로 장기적 신뢰와 충성도라는 무형자산을 만든 경영방식이었다.

한국에서도 1931년 극예술연구회가 첫발을 뗐다. 1960~1970년대 삼일로창고극장, 공간사랑, 민예극장, 실험극장 등이 등장했다. 1975년 실험극장의 150석 규모 무대에서는 피터 섀퍼의 「에쿠우스」가 공연되며 장기 흥행에 성공했다. 한국 최초의 예매 제도가 도입되기도 했다. 이는 공연의 실험을 넘어 관객의 경험을 조직하고 판매하는 초기 '문화 경영' 시도였다.

1981년 공연법 개정으로 공연자 등록 자유화와 300석 이하 공연장 허가제 폐지 등이 시행되며 서울 신촌과 대학로에는 수많은 소극장이 생겨났다. 예술과 정책 그리고 문화와 도시계획이 결합한 이 풍경은 소극장이 예술의 공간일 뿐만 아니라 지역 경제와 문화 생태계를 자극하는 작지만 강한 동력이었음을 보여준다.

감정의 밀도

그 후 소극장은 연극을 넘어 음악의 공간으로 확장된다. 1981년 숭의음악당과 1986년 미리내극장에서 조동진의 공연이 열린 후로 소극장 라이브 콘서트가 활성화된다. 1985년 들국화의 소극장 콘서트는 단 110석 규모였지만 연일 매진되며 연장 공연으로 이어졌다. 들국화는 1980년대에만 600회 이상의 소극장 공연을 통해 '라이브'라는 단어의 진정한 가치를 되살려냈다.

그리고 1991년 김민기가 대학로에 소극장 학전을 연다. 그는 기획자이자 제작자였고 연출자이자 운영자이기도 했다. 학전에서 공연된 「지하철 1호선」은 4,000회 넘게 무대에 올랐고 자생력 있는 공연 콘텐츠의 가능성을 입증했다. 김민기의 운영 철학은 문화 기업가의 선구적 모델이라 할 만하다. 그는 대형 자본 없이도 기획력, 철학, 현장성과 지속가능성을 기반으로 무대를 만들었다. 학전은 하나의 브랜드였고 충성도 높은 관객은 매회 공연을 통해 그 브랜드를 '구매'했다.

그가 남긴 말처럼 "기타 줄 여섯 개가 만드는 입체적인 소리는 최신형 스피커가 절대 흉내 낼 수 없다." 기술과 자본의 효율이 아니라 감정의 밀도. 그것이 소극장이 가진 경쟁력이었다.

진정성의 무대

1991년부터 김광석은 학전에서 소극장 콘서트를 시작했다. 그는 대형 기획사의 음반 홍보 방식과는 달리 무대를 기반으로 팬과의 관계를 구축했다. 노래 사이에 이야기를 들려주고 음반에 없는 신곡을 먼저 선보이는 그의 공연은 일종의 '브랜드 충성도' 전략이었다. 1995년 1,000회 공연을 달성한 그는 하나의 공간에서 지속 가능한 수익을 만들어낸 '예술 경영자'였다. 그의 무대는 관객과의 깊은 신뢰를 중심으로 한 일종의 '장기 고객 기반 비즈니스 모델'에 가까웠다.

김광석의 이러한 운영 전략은 브랜딩 이론과도 맞닿아 있다. 브랜드 충성도는 마케팅 이론가 데이비드 아커David Aaker가 체계화한 브랜드 자산 모델의 핵심 요소 중 하나다. 그는 브랜드 충성도를 '경쟁 브랜드로 전환하지 않고 지속적으로 구매하거나 지지하는 소비자의 심리적 애착 상태'로 정의한다. 이는 반복 구매를 넘어 고객이 자발적으로 브랜드를 지지하고 홍보하게 만드는 강한 감정적 유대를 의미한다. 충성도 높은 고객은 가격 변동이나 경쟁자의 유혹에도 쉽게 흔들리지 않는다. 브랜드 충성도가 높은 기업은 장기적으로 마케팅 비용을 줄이고 안정적 수익을 창출할 수 있다.

김광석은 대중과 반복적으로 만나면서 이 유대를 강화했고 학전이라는 공간이 지닌 정체성과 합쳐져 강력한 브랜드 자산을 만들어냈다. 그의 공연은 브랜드 충성도의 이론적 구조를 실제 무대에서 구현한 사례이자 감성적 연대가 어떻게 경영 자산으로 전환되는지를 보여주는 현장이었다.

지속가능한 예술 경영

특히 이 방식은 앞서 소개한 독일의 경영학자 헤르만 지몬이 말한 히든 챔피언 이론과도 맥을 같이 한다. 그는 "히든 챔피언은 시장점유율보다 고객 충성도를 중시하며 작지만 핵심 영역에서 세계적 경쟁력을 갖춘다."라고 강조했다. 김광석의 무대는 바로 그러한 전략의 구현이었다. 광고보다 신뢰를 추구하고 확장보다 내실을 택한 이 공연 방식은 오늘날 플랫폼 기반의 고객 전략에도 여전히 유효한 통찰을 제공한다.

히든 챔피언 기업은 대부분 업계에서 눈에 띄지 않는다. 하지만 특정 분야에서 독보적 신뢰를 쌓으며 성장한다. 이들의 공통점은 규모보다 정체성, 확장보다 지속가능성을 지향한다는 점이다. 대표적 히든 챔피언 기업으로는 독일의 유체 제어 시스템 전문업체인 뷔르케르트Bürkert, 의료기기 분야의 글로벌 강자인 비브라운B.Braun, 자동차 부품과 산업용 기술에 특화된 셰플러Schaeffler Group 등이 있다. 이들 기업은 특정 산업 내 틈새시장에 집중하면서도 고품질, 신뢰성, 고객 맞춤형 솔루션을 통해 글로벌 시장에서 지속적인 경쟁우위를 확보해왔다. 예를 들어 셰플러는 마케팅보다는 기술력과 장기적 고객 관계를 통해 엔진과 베어링 분야에서 시장을 선도하고 있다. 비브라운은 병원과 외과에서 쓰이는 의료기기를 전 세계에 공급하는 헬스케어 전문 기업으로 의료진의 신뢰를 기반으로 지속가능한 의료 솔루션을 제공해왔다. 뷔르케르트는 유체 제어 시스템 분야에서 정밀성과 안정성을 강점으로 전 세계 고객을 확보하고 있다.

이처럼 히든 챔피언 기업은 마케팅보다는 실질적 가치를 제공하고 대중성보다는 전문가 집단과 깊은 유대를 중시하며 고객 충성도를 바탕으로 장기적인 경쟁력을 쌓는다. 그들의 전략은 공연을 상품이 아니라 관계로 다루는 소극장 무대와도 놀랍도록 닮았다.

소극장은 예술의 공간이면서도 동시에 혁신적 경영 모델의 실험장이었다. 기술로는 복제할 수 없는 현장성과 진정성을 자산으로 삼고 관객과의 신뢰를 기반으로 함으로써 '지속가능한 예술 기업'의 원형을 보여주었다.

다시 소극장으로 돌아가고 싶다는 마음은 단순한 향수가 아니다. 그것은 우리가 무엇을 놓쳤고 다시 회복해야 하는지를 알려주는 신호다. 김민기의 철학, 김광석의 진정성, 학전의 실험정신이 녹아든 그 무대는 작지만 밀도 높은 경험, 관객과의 직접 소통, 브랜드 이상의 감정적 유대를 통해 '경쟁 없는 시장'을 개척했다.

소극장, 그 무대는 작지만 정말로 위대했다.

3
디즈니, 창의 시스템

캐릭터 자산의 힘

미키마우스, 도날드 덕, 구피, 인어공주, 아이언맨. 세대를 불문하고 누구나 한 번쯤 열광했던 이 캐릭터들은 월트 디즈니 컴퍼니의 상징이자 이제는 세계 문화의 일부가 됐다. 오늘날 디즈니는 애니메이션을 넘어 영화, 뉴스, 스포츠, 게임, 테마파크, 라이선스 상품에 이르기까지 일상의 모든 영역을 아우르는 거대 콘텐츠 제국이다.

디즈니의 출발은 한 마리 작은 생쥐였다. 1928년 무성 단편 애니메이션 「증기선 윌리」에 처음 등장한 미키마우스는 뉴욕의 영화관에서 폭발적 반응을 얻으며 단숨에 세계인의 아이콘으로 떠올랐다. 이 캐릭터는 월트 디즈니가 첫 번째 사업 실패 후 밤 기차 안에서 자기 사무실에 살던 생쥐를 떠올리며 만들어낸 창조물이었다. '작은 생쥐의 상상력'은 곧 하나의 산업이 됐고 그것은 꿈의 실현이라는 디즈니 철학의 출발점이었다.

이러한 캐릭터 중심 전략은 앞서 말한 마케팅 이론가 데이비드 아커의 브랜드 자산 모델과도 연결된다. 아커는 브랜드가 이름이나 로고가 아니라 기억 속 연상, 충성도, 지각 품질, 감정적 자산의 총합이라고 설명했다. 디즈니는 캐릭터를 브랜드 자산의 핵심으로 삼아 수익을 넘어 감정적 유산으로까지 확장했다.

실행 기반 창의성

디즈니의 성공은 창의성만으로 이룬 것이 아니다. 1937년 장편 애니메이션 「백설 공주와 일곱 난쟁이」는 3년에 걸쳐 25만 장의 그림을 수작업으로 완성해낸 결과물이다. 이어서 1940년 작 「판타지아」는 바흐, 베토벤, 바그너, 무소륵스키, 스트라빈스키 등이 작곡한 고전음악을 영상에 맞춰 정교하게 구성한 작품으로 무려 1,200명의 인력이 투입됐다. 이 작품은 디즈니가 오락을 넘어 예술의 경지에 도달하고자 했음을 보여준다.

이러한 철저함과 성실성은 음악계에서도 유사한 사례를 찾아볼 수 있다. 1970년대 스웨덴의 팝 그룹 아바는 비영어권 가수이면서 미국과 영국 중심의 시장을 넘어 전 세계적 인기를 얻었다. 벤뉘 안데르손Benny Andersson과 비에른 울바에우스Björn Ulvaeus는 스톡홀름 외곽의 통나무 오두막에서 6년간 매일같이 작곡하며 히트곡을 탄생시켰다. 평론가 밥 스탠리Bob Stanley는 이들의 성공을 "열심히, 정직하게, 고생하면서 일한 결과"라고 평했다. 디즈니와 아바가 만들어낸 환상은 치밀한 노력과 성실함이 쌓아올린 결과였다.

이는 조직행동이론의 '딜리버리 갭 모델Delivery Gap Model'과 연결된다. 이 이론은 서비스 마케팅 분야의 권위자인 발러리 자이사믈Valarie Zeithaml, 메리 조 비트너Mary Jo Bitner, 드웨인 그렘러Dwayne Gremler가 공동으로 제안한 모델이다. 이들은 기업이 고객의 기대를 인지하고 이를 일관되게 제공하지 못할 때 발생하는 서비스 품질의 간극을 분석한다. 특히 기대와 실제 제공 사이의 차이를 줄이기 위해 내부 프로세스를 치밀하게 설계해야 한다는 점을 강조한다. 디즈니의 제작 프로세스는 그 정교함 자체가 브랜드 신뢰를 만드는 장치다.

비전의 실천

디즈니는 창의성과 실행 사이의 균형을 상징하는 네 가지 원칙을 갖고 있다. '꿈꿔라Dream-믿어라Believe-도전하라Dare-행동하라Do'다. 이 네 가지 원칙은 디즈니의 콘텐츠뿐만 아니라 조직문화와 경영 전략 전반에 녹아 있다. 상상력은 언제나 현실의 제약과 맞서야 한다. 하지만 디즈니는 그 상상을 실현 가능한 시스템으로 만들어냈다.

이는 '양손잡이 조직Ambidextrous Organization' 이론과도 일치한다. 미국의 경영학자 찰스 오레일리와 마이클 투시먼은 '양손잡이 조직'이란 개념을 통해 탐색Explore(창의성과 혁신)과 활용Exploit(실행과 수익화)의 균형이 지속가능한 성장의 핵심이라고 주장했다. 꿈꾸는 것과 행동하는 것의 공존이 바로 디즈니가 구현한 구조다.

브랜드와 감정의 결합

디즈니의 조직은 직원 90%가 시간제 근로자일 정도로 유연한 구조로 돼 있다. 하지만 서비스 품질은 정반대로 극도로 정교하고 통일돼 있다. 이는 디즈니가 개발한 '서비스 매뉴얼'의 힘이다. 이 매뉴얼의 핵심은 '2대 6대 2' 구조다. 상위 2는 자발적으로 일하는 리더, 중간 6은 일상적으로 업무를 수행하는 다수, 하위 2는 수동적이고 무관심한 이들이다. 디즈니는 이 마지막 2를 변화시키는 데 집중한다.

그 중심에는 '행복을 나누는 시스템Give Happiness'이 있다. 이는 감정노동을 강요하지 않고 직원 스스로 자기 역할의 가치를 깨닫게 하는 방식이다. 자신이 만든 미소가 방문객뿐만 아니라 자신에게도 행복을 느끼게 한다는 사실을 자각하게 만드는 것이다. 디즈니는 조직의 성과를 수치로만 평가하지 않는다. 감정, 경험, 기분이라는 '비가시적 자산'을 통해 직원을 변화시킨다.

이러한 문화는 조지프 파인Joseph Pine과 제임스 길모어James Gilmore가 주장한 '경험경제Experience Economy' 개념과 일맥상통한다. 그들은 제품과 서비스 다음 단계는 '경험'이며 고객은 감정을 사는 시대에 살고 있다고 강조했다. 디즈니는 바로 이 '감정의 무대'를 조직 차원에서 설계한 기업이다.

경험 설계와 조직문화

디즈니가 창조한 환상은 시각 이미지만이 아니다. 귀로 들려오는 음악을 통해 더 깊은 감동을 준다. 디즈니는 애니메이션의 스토리라인에 정교하게 설계된 음악을 결합해 어린이부터 성인까지 세대를 아우르는 감성을 자극한다. 「백설 공주와 일곱 난쟁이」의 「하이호Heigh-Ho」, 「라이언 킹」의 「서클 오브 라이프Circle of Life」 「알라딘」의 「어 홀 뉴 월드A Whole New World」 「겨울왕국」의 「렛잇고Let It Go」 등은 시대를 초월한 명곡이자 디즈니 브랜드의 정체성을 형성하는 핵심 요소다.

특히 빌보드 차트와 아카데미 시상식을 동시에 휩쓴 「렛잇고」는 주제가를 넘어 '자기 수용과 해방'이라는 메시지를 음악으로 표현한 대표작이다. 디즈니의 음악은 일회성 히트곡에 머물지 않는다. 그것은 각 캐릭터의 성격과 내면 서사를 강화하고 관객에게 정서적 동질감을 안겨주는 전략적 도구로 작동한다. 이는 '이야기를 음악으로 설계한다.'라는 디즈니 작곡 철학의 일환이기도 하다.

디즈니의 음악은 또한 무대 공연, 뮤지컬, 캐릭터 상품화 등 다양한 방식으로 확장되며 콘텐츠의 생명력을 배가하는 데 이바지한다. 브로드웨이에서 「라이언 킹」 「미녀와 야수」 「알라딘」 등이 흥행에 성공한 원인은 시각적 연출뿐만 아니라 음악이 지닌 서사적 감동이 오랫동안 관객의 기억 속에 남아 있었기 때문이다.

창의성을 완성하는 실행의 힘

디즈니와 유사하게 창의성과 실행력을 균형 있게 갖춘 기업으로는 넷플릭스가 있다. 넷플릭스는 '자유와 책임의 문화'를 중심으로 디즈니의 '꿈꿔라, 믿어라, 도전하라, 행동하라'에 상응하는 가치 체계를 발전시켰다. 이러한 철학 아래 넷플릭스는 직원에게 높은 자율성을 부여하고 창작자에게도 완전한 창작 권한을 부여함으로써 콘텐츠 중심의 경영을 실현하고 있다.

넷플릭스는 조직문화의 핵심 가치 중 하나로 '높은 성과'를 강조하면서 이를 유지하기 위한 심리적 안전감과 투명한 피드백 시스템을 구축하고 있다. 이는 조직심리학자 크리스 아자리스의 '이중 회귀 학습Double-loop Learning' 이론을 떠올리게 한다. 단순히 실행만 하는 게 아니라 '왜 그 판단을 했는가?'를 되돌아보는 구조가 혁신의 토양이 된다는 개념이다.

디즈니가 테마파크에서 고객 경험을 설계하듯 넷플릭스는 알고리즘과 데이터 분석을 통해 시청자의 감정을 예측하고 개인맞춤형 콘텐츠를 제공한다. 특히 자체 제작 콘텐츠(오리지널 시리즈)의 성공은 창의성과 실행의 선순환 구조가 없었다면 불가능했을 것이다. 이는 창의성이 영감의 산물이 아니며 제도화된 실행 구조 위에서 발현될 때 지속가능하다는 점을 보여준다.

환상과 현실의 균형

디즈니는 콘텐츠, 브랜드, 시스템의 결합이 어떻게 조직을 변화시키고 사회에 감동을 주는지 보여주는 대표 사례다. 아바는 그들의 음악으로 전 세계인에게 감동을 선사했다. 디즈니는 캐릭터와 환상을 통해 전 세계인의 감정에 깊은 울림을 일으켰다. 이들이 공통적으로 강조한 것은 꾸준한 노력, 정직한 실행, 분명한 목적의식이다. 꿈을 현실로 만드는 기업은 결국 창의성과 성실성을 동시에 품는 법을 배운 조직이다.

4
교양 너머의 음악

인간 내면의 리듬

나의 중고등학교 시절 음악 수업은 예고도 없이 자율학습 혹은 영어나 수학 보충 수업으로 바뀌곤 했다. 음악과 미술 같은 과목은 대학에 진학한 다음에 해도 된다고 당당하게 말하는 영어 선생님께 교단을 내어주고 머쓱한 표정으로 교실을 나서던 음악 선생님의 모습이 아직도 선명하다. 하지만 대학에 진학해서도 음악 전공이 아니면 음악 수업을 수강하기가 어려웠다. 아쉽게도 나는 청춘의 전성기에 캠퍼스에서 음악회 한 번 가보지 못한 채 졸업하고 말았다.

음악은 인간 내면의 리듬과 감정을 탐구하는 깊은 지적 활동이다. 음악 시간은 수학 문제를 푸는 시간 못지않게 인간과 사회를 이해하는 데 필수적인 교양 수업이다. 그럼에도 불구하고 우리는 여전히 음악을 '비본질적 과목'으로 여기며 입시와 취업에 도움이 되지 않는다는 이유로 배움의 우선순위에서 배제하고 있지는 않은가.

음악과 교양의 본질

하버드대학교, 스탠퍼드대학교, 예일대학교, MIT 등은 전공자가 아니어도 모든 학생이 수강할 수 있도록 음악을 기초 교양으로 채택하고 있다. 이들 대학은 음악과 인간, 음악과 사회, 음악과 수학, 음악과 역사 등과 같은 과목을 개설해 음악을 인문학으로 가르친다. 이처럼 세계 최고 대학의 학생들에게 음악은 지혜와 교양의 결정체로 자연스럽게 받아들여지고 있다.

기원전 500년경 수를 통해 진리를 찾던 수학자 피타고라스는 대장장이의 망치 소리에서 4도, 5도, 옥타브 음정이 수와 연관됨을 찾아냈다. 이 법칙을 당시 그리스의 현악기였던 리라Lyra 현의 길이 비율과 연관지어 5도와 4도의 음정 차인 9대 8을 현재의 온음인 단위 음정으로 삼았다. 이를 '피타고라스 음률Pythagorean Tuning'이라고 한다.

아테네에 아카데미아를 세운 플라톤은 산술, 기하학, 천문학, 음악의 네 가지 학문과 변증법을 필수 과목으로 정했다. 천동설을 주장했던 천문학자 프톨레마이오스는 소리의 조화에서 나타나는 수의 법칙이 천체의 상호 관계에도 적용된다고 보았다. 그는 각 행성에 특정한 음을 부여하고 그 음률들이 원운동을 하며 조화를 이룬다는 '하르모니아론Harmonia'을 주장하기도 했다. 17세기에는 천문학자 요하네스 케플러가 행성이 운동하는 속도의 비는 음악의 음정의 비와 관계가 있다는 가설을 연구한 끝에 행성의 타원 운동 법칙을 발견했다. 이는 지동설을 뒷받침했다.

아리스토텔레스는 청소년의 바른 인격 형성을 위해 음악 교육은 필수라고 주장했다. 피타고라스에서 시작돼 그리스 사상에 뿌리를 둔 음악은 이후 중세 유럽 대학에서 기독교와 융합해 유일한 교양과목으로 남아 정신과 육체를 조합하는 조화의 학문으로 인정받았다.

예일대학교는 '음악은 인간의 사상과 감정의 표현'이라는 철학 아래 문학, 철학, 과학과 함께 음악을 모든 학부생이 수강해야 하는 교양 교육의 한 축으로 삼고 있다. 예일대학교 교수이자 작곡가인 데이비드 랭David Lang은 "학생들이 음악을 통해 사고의 유연성과 감성적 해석 능력을 기른다."라고 말한다.

컬럼비아대학교에서는 1947년부터 모든 학생이 '음악 인문학Music Humanities'을 필수 과목으로 듣는다. 강의실 강의와 뉴욕 콘서트홀 현장 감상을 병행하며 클래식, 현대음악, 재즈를 포괄하는 구성은 음악이 사유의 도구이자 역사적 문맥임을 가르친다.

MIT는 과학기술 중심의 대학임에도 모든 학부생이 인문, 예술, 사회과학 중 한 분야를 필수로 이수해야 한다. 음악과 극예술Music and Theater Arts 프로그램을 통해 학생들의 창의성과 정서적 표현을 적극적으로 장려하고 있다.

창의적 사고의 터전

경영학자 마이클 포터가 제시한 공유가치창출CSV은 기업의 사회적 책임CSR을 넘어 기업의 이익을 사회와 공유하는 가치 창출의 개념이다. 이 철학에 기반해 많은 글로벌 기업이 음악을 조직문화와 사회 공헌의 매개로 채택하고 있다.

보잉사는 음악을 통해 창조력이 풍부한 인재를 육성할 수 있다고 믿고 사내 오케스트라와 합창단을 운영하며 직원과 지역사회의 음악 교육을 지원한다. 미국 예술단체 '미국인을 위한 예술Americans for the Arts'와 컨퍼런스보드The Conference Board가 공동으로 발표한 보고서에 따르면, 예술 활동에 참여한 사람들은 창의성은 물론이고 문제 해결 능력과 협업 역량에서도 높은 성과를 보이는 것으로 나타났다. 미국에서 활동하는 민간 예술단체 '미국인을 위한 예술Americans for the Arts'의 에밀리 펙Emily Peck은 보고서에서 "예술적 경험이 있는 직원은 문제 해결 능력과 협업에서 높은 성과를 보인다."라고 발표했다.

한국에서는 한화그룹이 '한화클래식'을 통해 고전음악의 저변 확대에 기여하고 있다. 유한킴벌리는 '숲과 음악' 프로젝트를 통해 자연과 감성을 연결한 기업 브랜드 활동을 선보이고 있다. 동원그룹은 사내 음악회를 통해 구성원의 감성 역량과 팀워크를 강화하기 위해 노력하고 있다.

감성지능과 공감

미국 심리학자 하워드 가드너가 주창한 '다중지능 Multiple Intelligence' 이론에서 음악지능을 언어지능이나 논리수학지능과 동등한 인지 범주로 제시했다. 음악이 창의력은 물론이고 공동체와의 감정 교류, 공감 능력, 자기 성찰 능력을 기르는 데 필수적 도구임을 의미한다.

이러한 관점은 '감성지능 Emotional Intelligence' 이론과도 맞닿아 있다. 미국 심리학자 대니얼 골먼은 조직에서의 성공은 IQ보다 EQ, 즉 감성지능이 더 중요하다고 강조했다. 그는 자기 인식, 자기 조절, 동기 부여, 공감, 사회적 기술이라는 다섯 가지 요소가 조직 리더십의 핵심이라고 보았다. 음악 교육은 이러한 다섯 가지 정서적 역량을 자연스럽게 훈련할 수 있는 효과적인 수단이다. 예를 들어 합주나 앙상블 경험은 타인의 신호에 민감하게 반응하는 동시에 자기표현과 타인의 수용을 함께 요구한다.

오늘날 조직이 인재에게 요구하는 역량은 창의적 사고, 감성적 소통, 협업 능력과 같은 정서지능 기반 역량이다. 음악 교육은 바로 이런 자질을 내면화하는 수련의 장이 될 수 있다. 음악을 '이해하는 힘'은 곧 타인을 듣는 힘이다. 음악을 '함께하는 능력'은 조직 내 조화와 몰입으로 이어진다.

집단지성의 예술

음악을 통해 형성된 리더십은 지식경영의 핵심 원리와 긴밀히 연결된다. 특히 노나카 이쿠지로와 다케우치 히로타카가 제안한 SECI 모델은 이 관계를 설명하는 데 유용한 이론적 틀을 제공한다. SECI 모델은 조직이 지식을 창출하고 공유하는 과정을 4단계로 설명한다.

1단계는 사회화Socialization다. 직접적 경험과 상호작용을 통해 암묵지가 공유된다. 음악에서는 감정, 직관, 연주 노하우가 문서로 만들어지지 않은 채 자연스럽게 전수된다. 스승이 제자에게 "이 대목은 이렇게 느껴야 한다."라고 가르치는 순간이 이에 해당한다.

2단계는 표출화 또는 외재화Externalization다. 암묵지를 언어, 기호, 문서 등 구체적 형식지로 전환하는 단계다. 음악에서는 감정이나 해석을 악보로 기록하거나 연주 방법을 구체적으로 기술하는 활동이 여기에 속한다.

3단계는 결합화 또는 조합화Combination다. 다양한 형식지를 조합해 새로운 지식을 창출하는 단계다. 여러 곡의 악보나 분석 자료를 통합해 새로운 편곡을 만들거나 다양한 이론을 엮어 새로운 해석을 도출하는 활동이 이에 해당한다.

4단계는 내면화 또는 내재화Internalization다. 다시 형식지로부터 암묵지를 획득하는 과정이다. 악보와 이론을 반복 연습해 체화하고 자신만의 연주 스타일로 승화시키는 것이 대표적 예다.

이러한 순환을 통해 조직은 끊임없이 학습하고 혁신한다. 음악 활동은 감정과 직관이라는 '암묵지'를 표현하고, 이를 악보와 해석이라는 '형식지'로 구체화하고, 다시 이를 내면화해 새로운 창조성을 촉진하는 대표 사례. 세계적 지휘자 카라얀은 베를린 필하모닉과 함께 집단지성 기반의 예술적 창조 과정을 이끈 대표적 인물이다. 그는 연주자들에게 기술적 지시를 하기보다 "이 부분은 흐르는 강물처럼 자연스럽게 연주하라." 같은 감각적이고 직관적인 이미지를 전달했다. 이런 표현은 연주자 개개인의 해석과 감정 이입을 유도했고 그 결과 서로 다른 개인의 감각이 오케스트라 전체의 연주 감각으로 자연스럽게 공유됐다.

연주자들은 이러한 이미지 중심의 지시를 악보에 메모했다. 리허설 중 서로 해석을 조율하기도 했다. 개인적 감각을 형식화하는 방식이었다. 이는 다른 연주자들과 교류하며 결합됐다. 이후 공연과 반복된 리허설을 통해 이 지식은 연주자들의 몸과 감정에 내면화됐다. 카라얀은 이 과정을 반복함으로써 오케스트라 전체가 하나의 유기체처럼 호흡하는 집단지성의 이상적 형태를 구현했다. 이는 SECI 모델의 지식 순환이 음악 예술 안에서 실현된 대표 사례라 할 수 있다.

음악을 통한 리더십은 감정과 직관을 조직 내에 자연스럽게 확산하고 이를 악보, 해석, 연주로 구체화하면서 새로운 창의성을 탄생시킨다. 이는 SECI 모델의 순환 구조와 완벽히 맞아떨어지며 창의적 조직과 학습 조직을 구축하는 데 결정적 역할을 한다. 더 나아가 MIT와 하버드대학교가 음악을 정규 교양과목으로 채택한 배경에는 '학습하는 조직' 개념도 녹아 있다. 피터 센게는 『제5 경영: 학습하는 조직이 경쟁력을 만든다』에서 시스템 사고를 '전체를 보는 눈'이라고 정의하며, 조직 내 상호 연결성과 피드백 순환 구조를 이해하는 것이 지속가능한 학습 조직의 핵심이라고 강조한다. 그는 조직 내 다양한 역할과 관점이 때로는 긴장을 유발하지만 그러한 긴장과 조화를 통해 조직은 더 크고 창의적인 통합을 향해 나아갈 수 있다고 보았다. 피터 센게의 '시스템 사고' 이론은 조직 내 상호 연결성과 피드백 구조를 중시하며 다양한 관점과 역할이 긴장과 조화를 통해 더 큰 전체로 나아간다고 본다. 오케스트라가 다양한 악기를 하나의 흐름으로 통합하듯 조직도 음악처럼 움직여야 한다는 메시지다.

음악은 브랜드의 철학과 정체성을 전달하는 문화적 언어이자 공동체와 감정을 교류하게 만드는 강력한 수단이다. 이는 조직문화 이론, 특히 호프스테드의 문화 차원 이론에서 제시한 '개인주의와 집단주의' 개념과도 깊이 맞닿아 있다. 집단주의 문화에서는 음악이 공동체 정서와 감정 교류의 핵심 매개체로 작용한다. 개인주의 문화에서는 자아 표현과 자기 성찰의 도구로서 음악의 역할이 강조된다.

또한 캐머런과 퀸은 '경쟁가치모형CVF, Competing Values Framework'에서 '가족형' 조직과 '혁신형' 조직을 제시했다. '가족형Clan' 조직은 구성원 간의 유대감과 공감 능력을 중시한다. '혁신형Adhocracy' 조직은 창의성과 자율성을 조직의 핵심 가치로 삼는다. 이러한 문화 유형은 모두 음악이 공감, 창의성, 자기 인식과 같은 심리적 역량과 사회적 역량을 증진하는 데 효과적인 도구임을 시사한다.

오늘날 조직은 창의적 사고, 감성적 소통, 협업 능력과 같은 정서 지능 기반의 역량을 갖춘 인재상을 요구한다. 음악 교육은 바로 이런 자질을 내면화하는 수련의 장이 될 수 있다. 구글, 아마존, 디즈니 같은 창의 중심 기업에서는 채용 시 지원자의 전공 외에도 예술 경험을 중요하게 본다. 이는 기술적 역량 이상의 통찰력, 데이터 분석 역량 이상의 직관력, 논리력 이상의 상상력을 기업이 요구하고 있음을 보여준다. 예술을 경험한 리더는 숫자 이면에 사람을 보며 일의 결과 이면에 관계의 흐름을 파악할 줄 안다.

음악은 복잡한 체계 속에서 조화를 이뤄야 하는 경영 환경과도 닮았다. 이질적인 악기들이 한 악보 안에서 긴장과 해소 그리고 대비와 반복을 통해 하나의 서사를 이뤄내듯 구성원 개개인의 차이를 인정하고 연결하는 것이 현대 리더십의 과제이기 때문이다. 따라서 하버드대학교가 음악을 기초 교양으로 삼은 결정은 교육의 영역에만 국한되지 않는다. 그것은 곧 미래 사회의 리더십 역량을 설계하는 작업이기도 하다.

음악을 듣는 예술에서 보는 지혜, 만드는 감각, 함께하는 도구로 확장할 때 우리는 한 사람의 지성뿐만 아니라 조직 전체의 품격과 지속가능성을 높일 수 있을 것이다.

5
아마추어리즘, 창조의 본질

무명의 가능성

복면을 쓰고 무대에 오른 한 사람이 열창을 시작한다. 판정단은 그가 최소한 10년 이상의 경력을 지닌 1990년대를 대표하는 인기 가수라고 확신에 차 말한다. 그러나 가면을 벗자 드러난 인물은 뜻밖에도 한 중견 개그맨이었다. 이는 2015년 4월 5일 MBC에서 방송을 시작한 「복면가왕」에서 반복적으로 등장하는 풍경이다. 가면 뒤의 정체가 밝혀지는 순간 무대는 늘 반전의 전율로 가득 찬다.

유명 가수가 부른 노래를 아마추어가 모창하며 원곡 가수와 경연을 벌이는 JTBC「히든싱어」에서는 신승훈, 강타, 조성모, 에일리, 바다 같은 원곡을 부른 대스타들이 일반 참가자들의 실력에 밀려 방청객과 판정단의 의심 속에서 탈락하기도 했다.

엠넷Mnet의「너의 목소리가 보여」는 무명 참가자의 립싱크 무대를 통해 실력자와 음치를 구분하는 추리 예능 프로그램이다. 이 프로그램에선 오스트리아 분데스리가 축구팀의 매니저이자 정형외과 의사인 27세 청년이 등장해 모두의 예상을 깨는 놀라운 노래 실력을 선보였다. 이 청년은 13세에 오스트리아 청소년 피아노 콩쿠르에서 우승했고 14세에 모차르테움 음악대학교에 합격해 졸업했다. 이후 19세에 부모의 뜻을 따라 샤리테 의과대학교에 진학해 정형외과 의사가 된 인물이었다. 그가 부른 샘 스미스의「레이 미 다운Lay Me Down」은 듣는 이들의 예상을 뒤엎고 가요계 전반에 질문을 던졌다.

"과연 누가 프로이고 누가 아마추어인가?"

이러한 프로그램들이 사랑받은 이유는 반전의 재미 때문만은 아니다. 시청자들은 익숙한 얼굴이 아니라 예상치 못한 인물이 펼치는 감동적인 무대에 열광하며 '실력'과 '자격'을 새롭게 정의하기 시작했다. 이는 사회 전반에 뿌리 깊게 자리 잡은 '전문가 중심주의'에 대한 도전으로 읽을 수 있다. 기존 미디어는 음반 발매, 수상 경력, 세션 참여 등의 배경이 있는 사람에게만 마이크를 주었다. 하지만 음악 예능 프로그램들은 오히려 '무명의 가능성'에 마이크를 넘겨주는 실험의 장을 연출했다. 이는 음악뿐만 아니라 사회 전반의 인식에도 변화의 불씨를 지폈다.

자기주도학습

아마추어의 부상은 교육학자 맬컴 놀스Malcolm Knowles가 제시한 '자기주도학습Self-directed learning' 개념과도 맥을 같이 한다. 그는 성인학습 이론 안드라고지Andragogy의 권위자로 진정한 학습은 타인의 지시가 아니라 학습자 자신의 내적 동기와 목표 설정에서 출발한다고 보았다. 학습자는 자기 삶의 경험을 학습 자원으로 활용하고 문제 중심의 학습을 선호하며 즉각적 실천을 중시한다. 이러한 특성은 아마추어가 지닌 태도와도 밀접하게 맞닿아 있다. 기존 전문가 집단은 정해진 지식 체계 내에서 움직이지만 아마추어는 자신의 열정과 탐색을 통해 창의적으로 새로운 지식을 구축한다.

'프로페셔널'이라는 단어는 고대 프랑스어 '프로페스Profess'와 라틴어 '프로페시오Professio'에서 유래했다. '프로Pro'는 '공공연히' 혹은 '대중 앞에서'를 뜻하고 '페스fess'는 '말하다' '고백하다' '가르치다'를 의미한다. 원래는 성직자, 의사, 법률가 등 특정 직업군의 전문가를 지칭하던 말이었다. 하지만 현대에는 다양한 분야에서 활동하는 사람들에게 확장돼 쓰이고 있다.

전문가는 정형화된 법칙과 관행에 익숙하기에 안전한 상황에서는 뛰어난 성과를 보인다. 그러나 지금은 다양한 채널을 통해 누구나 지식과 경험을 공유하고 확장할 수 있는 시대다. 기술의 발달과 정보 접근성의 향상은 학위나 자격증만으로 권위가 정당화되던 기존의 질서를 빠르게 바꾸고 있다. 이러한 변화 속에서 아마추어의 유연성이 불확실하고 창의적인 문제 앞에서는 더 효과적일 수 있다.

피터 드러커는 저서 『프로페셔널의 조건』에서 "사람은 오직 자신만이 스스로를 효과적인 인간으로 만들 수 있다."라고 강조했다. 그는 프로라는 지위에 안주해 일상의 루틴에 매몰될 때가 바로 새로운 도전을 시작해야 할 시점이라고 경고했다. 이어 "신들이 보고 있다."라는 믿음은 외적 명성보다 내면의 성실성과 영성을 잃지 말아야 한다는 경계의 메시지이기도 하다. 미국의 판사 앨버트 터틀 Elbert P. Tuttle 역시 한 연설에서 "프로의 유일한 자산은 바로 자신이며 직업에 대한 고결함이 있다면 그 가치는 무한하다."라고 말했다.

하지만 전문가 집단이 폐쇄적이고 자기중심적인 사고에 머물 때 오히려 혁신을 가로막는 장애물이 되기도 한다. 조직 안에서 '우리가 전문가니까 맞다.'라는 식의 태도는 경직된 문화와 자기복제만을 낳는다. 드러커가 말한 것처럼 진정한 전문성은 자신을 성찰하고 유연하게 변화할 수 있는 능력에서 비롯된다.

오늘날 전문가에게 요구되는 것은 더 이상 '모두가 몰라도 나는 아는 것'이 아니다. 오히려 '모두가 알아도 나는 더 깊이 이해하고 함께 나눌 수 있는 것'이다. 따라서 열정, 배움에 대한 개방성, 집착 없는 순수함 같은 '아마추어적 태도'는 오히려 오늘날 프로페셔널에게 요구되는 중요한 덕목이 되고 있다.

인지적 유연성

창의성 연구에서 중요한 개념 중 하나는 '인지적 유연성 이론Cognitive Flexibility Theory'이다. 미국 미시간주립대학교 랜드 스피로Rand J. Spiro 교수는 인지적 유연성 이론을 통해 복잡하고 불확실한 문제 앞에서는 기존의 단선적 지식 구조보다 다양한 시각과 융합적 사고가 요구된다고 주장했다. 이 이론은 특히 예술, 문학, 창의적 문제 해결 교육에서 많이 응용된다. 아마추어의 순수한 호기심과 다양한 경험이 지식의 깊이를 확장하는 데 효과적이라는 점을 뒷받침하기 때문이다. 아마추어는 인지적 유연성을 가장 잘 발휘하는 집단이다. 이들은 기존 권위나 이론에 얽매이지 않고 본질에 가까운 질문을 던지며 창의적 혁신의 가능성을 연다. 실제로 유튜브와 블로그의 비전문가들은 자신만의 방식으로 정보를 재구성하고 새로운 문법을 만들어내며 집단지성의 흐름을 주도하고 있다.

'아마추어'라는 단어는 사랑하는 사람을 뜻하는 라틴어 '아마토르Amator'에서 비롯됐다. 아마추어는 어떤 일을 돈이나 명예가 아니라 순수한 애정과 열정으로 하는 사람을 의미한다. 전문가에 비해 경험이나 자격 면에서 부족할 수 있지만 오히려 고정관념에 얽매이지 않고 본질에 대해 신선한 질문을 던질 수 있다. 영국의 아마추어 천문학자 톰 볼스Tom Boles는 자신만의 천문대를 만들어 150개 이상의 초신성을 발견하며 학계에 크게 기여했다. 그의 발견은 전문가의 예측과 방법론에 도전장을 내민 사례로 기록된다.

디지털 문화의 발달은 아마추어 정신의 확산에 기폭제가 됐다. 유튜브, 팟캐스트, 블로그 등은 개인이 스스로 콘텐츠를 기획하고 발신하는 '1인 미디어' 시대를 열었다. 이는 비전문가의 지식과 경험조차 공적 담론의 장에 참여할 수 있게 만들었다. 실제로 현재 가장 영향력 있는 영상 창작자 중 다수는 영상 제작 전문 교육을 받은 적이 없는 순수한 아마추어들이다. 그들은 자신의 관심사에 몰입했고 기존 전문가들이 시도하지 않았던 실험을 과감히 해냈다. 오히려 비전문가였기에 관행에 얽매이지 않았고 새로운 흐름을 만들어낼 수 있었다. 이는 '크리에이터 이코노미'로 불리는 새로운 경제 생태계의 기반이 되었으며 수많은 기업이 이들이 만든 아이디어와 콘텐츠에서 혁신의 실마리를 발견하고 있다.

오픈 이노베이션

미국의 조직 이론가 헨리 체스브로Henry Chesbrough는 저서 『오픈 이노베이션』에서 기업이 더 이상 내부 자산만으로 혁신을 이루기 어렵다고 진단하며 외부 아이디어, 기술, 심지어는 아마추어의 통찰까지도 능동적으로 활용해야 한다고 주장했다. 이는 크리에이터 이코노미와 같은 새로운 경제 생태계와도 맥이 닿는다. 그는 기업이 혁신을 위해 내부 연구개발에만 의존하는 폐쇄형 구조에서 벗어나 외부의 아이디어, 기술, 재능과 적극적으로 협력해야 한다고 강조했다. 이는 스타트업뿐만 아니라 대기업도 사용자 기반의 실험적 아이디어를 수용할 수 있어야 한다는 조직혁신론으로 확장된다. 레고, 스타벅스, 애플, 넷플릭스의 사례는 이러한 개방형 혁신의 대표적 모델이다.

오늘날 기업은 소비자를 '공동 창조자Co-Creator'로 인식한다. 그에 따라 실험과 실패가 허용되는 플랫폼을 소비자에게 제공함으로써 자발성과 창의성을 끌어낸다. 이는 제품이나 서비스의 개발 과정에서 아마추어의 통찰이 종종 기존 내부 인력보다 더 유용한 문제 해결을 제시할 수 있다는 경험에서 비롯된 변화다. 소비자 중심의 혁신, 열린 생태계 구축, 사용자 참여형 실험 문화는 이제 선택이 아니라 필수가 됐다.

레고는 2009년 레고 아이디어LEGO Ideas라는 플랫폼을 통해 팬들이 직접 제안한 모델을 제품으로 출시했다. 스타벅스는 마이 스타벅스 아이디어My Starbucks Idea를 통해 고객이 제안한 음료를 신제품으로 개발해 소비자와의 거리를 좁혔다.

기술 기업에서도 아마추어의 기여는 눈에 띈다. 애플은 비공식 해커 커뮤니티의 아이디어를 참고해 다크 모드, 위젯, 제어 센터 같은 기능을 도입했다. 테슬라는 해커가 발견한 보안 취약점을 통해 오토파일럿 시스템을 강화했다. 넷플릭스는 추천 알고리즘을 개선하기 위해 100만 달러의 상금을 걸고 일반인의 아이디어를 공모해 시스템을 혁신했다.

집단지성과 네트워크

하버드대학교 로스쿨 교수이자 작가인 요하이 벤클러Yochai Benkler는 '집단지성'이라는 개념을 통해 비시장 기반의 협업 생산이 인터넷 시대의 주요한 혁신 원천이 될 수 있다고 주장했다. 그의 연구는 오픈소스 개발, 위키피디아, 크라우드 펀딩처럼 아마추어들의 자발적 협력이 사회적 가치와 경제적 성과를 동시에 창출할 수 있음을 실증적으로 보여준다. 그는 위계적 구조 대신 다수의 아마추어 개인들이 협업해 고도화된 지식과 창의적 결과물을 생산할 수 있음을 강조했다. 킥스타터라든지 텀블벅 같은 크라우드 펀딩 플랫폼은 이를 경제 시스템에 적용한 대표 사례다.

더불어 '혁신 확산Diffusion of Innovations' 이론을 창시한 에버렛 M. 로저스는 기술과 아이디어가 사회 내에서 어떻게 전파되는지를 분석하며 수용자 유형을 혁신자, 초기 수용자, 초기 다수자, 후기 다수자, 지연 수용자로 구분했다. 그는 특히 혁신은 언제나 소수의 '이질적 존재'가 만든다고 보았다. 즉 기존 질서에 얽매이지 않는 아마추어나 초기 수용자들에 의해 혁신이 확산되며 결정적 역할을 한다고 강조했다. 즉 아마추어는 단지 가능성 있는 존재가 아니라 변화를 이끄는 핵심 세력이다.

테드TED 콘퍼런스 무대에서 아마추어 연사들이 전한 이야기는 지식의 민주화를 보여주는 상징이 됐다. 크라우드 펀딩 플랫폼 킥스타터는 기존 투자자가 외면한 창의적 아이디어에 아마추어의 열정을 실어 수많은 혁신 제품을 세상에 내놓았다.

아마추어 정신은 '프로가 아닌 사람'의 것이 아니다. 그것은 열정과 성실성 그리고 끊임없이 질문을 던지는 자세에서 비롯된다. 아마추어와 프로의 경계가 모호해진 이 시대에는 지식의 깊이와 순수한 태도를 함께 갖춘 존재, 즉 '깊이 있는 아마추어'이자 '겸손한 프로'가 새로운 리더십의 기준이 돼야 한다.

조직과 사회가 새로운 문제 앞에서 정체되지 않으려면 기존 권위의 울타리 안에서만 답을 찾지 말아야 한다. 때로는 열정만으로 무장한 무명의 목소리에 귀 기울여야 한다. 그 목소리에 미래를 여는 열쇠가 있을지도 모르기 때문이다.

6장

음악·문화·다양성, 포용과 혁신

1
포크, 저항과 차별화

낭만과 현실의 언어

"참 고단한 시절이었지만 그래도 그때는 뜨거웠고 낭만이 있었지."

50~60대가 삼삼오오 모여 술잔을 기울이다 보면 종종 하는 말이다. 정치적 좌절과 사회적 패배주의가 일상처럼 자리 잡았던 그 시절 무기력에서 벗어나고자 했던 젊은이들은 '청년문화'라는 이름의 새로운 물결을 만들어냈다. 그 중심에 포크 음악이 있었다.

포크는 단순한 음악 장르가 아니었다. 그것은 일상의 언어로 저항하고 사랑을 노래하며 다름을 껴안는 하나의 문화이자 정신이었다. 그리고 이 정신은 지금도 이어지고 있다. 김사월, 정밀아, 이승

윤 같은 오늘날의 포크 뮤지션들은 과거의 낭만을 계승하는 동시에 자신만의 방식으로 세상의 무게를 노래한다. 낭만과 저항의 포크는 시대를 지나 지혜로 남아 지금 이 순간에도 세대를 연결하며 새롭게 쓰이고 있다.

반대 의견과 혁신

심리학자 샬런 네메스Charlan Nemeth는 저서 『반대의 놀라운 힘』에서 "반대 의견을 수용함으로써 더 나은 결정을 내릴 수 있다."라며 조직 내 반대 의견이 억압될 경우 집단사고Groupthink가 발생해 의사결정의 질이 낮아진다고 지적했다. 실제로 네메스의 연구는 조직 내에서 모두가 같은 생각에 빠지면 다른 선택지를 제대로 따져보지도 않고 분위기에 휩쓸려 동조하기 쉽다는 사실을 실험을 통해 입증했다. 즉 구성원이 처벌에 대한 두려움 없이 자유롭게 의견을 제시할 수 있을 때 진정한 협력과 혁신이 가능해진다는 것이다.

인텔은 수백만 가정의 컴퓨터뿐만 아니라 세계 어디에서든 보이지 않는 곳에서 핵심 기술로 작동하는 세계 최고의 마이크로프로세서 제조기업이다. 인텔의 공식적 기업 행동규범에는 '반대하고 따르라Disagree and Commit.'라는 강령이 있다. 반대를 하나의 문화로 인정하고 겉으로는 동의하는 척하면서 뒤로는 방해 공작을 벌이는 립포타주Lipotage를 배격한다는 의미다. 더욱 신선한 사례로는 세계 최대 소매 유통업체 중 하나인 코스트코를 들 수 있다. 코스트코는 임직원 간 위계보다는 솔직한 대화와 건설적 반대를 장려하는 조직문화를 지향한다. 창업자 제임스 시네갈James Sinegal은 사내 회의에서 직급에 상관없이 누구나 경영진의 결정에 이의를 제기할 수 있는 분위기를 조성했다. 이러한 개방적 문화는 업계 평균보다 높은 임금과 복지 등 고비용 구조를 감당하면서도 높은 직원 충성도와 운영 효율성을 유지할 수 있었던 배경이 됐다.

  이러한 사례들은 조직이 이견을 억압하기보다는 적극적으로 관리하고 수용할 때 혁신과 생존 가능성을 높일 수 있다는 점을 보여준다. 이는 스탠퍼드대학교 경영대학원 교수 제프리 페퍼Jeffrey Pfeffer가 주장한 '이견 관리Dissent Management' 이론과도 맥을 같이한다. 페퍼는 조직 내 권력 구조가 이견을 억압할 때 오히려 실패 위험이 커진다고 경고했다. 그는 이른바 '이견 관리'가 조직의 생존과 리더십의 신뢰를 좌우한다고 보며 갈등 자체보다 더 위험한 것은 침묵과 자기검열이라고 강조한다.

  성과를 측정하는 핵심 도구인 핵심성과지표KPI, Key Performance Indicator는 조직의 목표 달성을 위해 설정한 정량적 혹은 정성적 지표다. 초기에는 주로 매출, 비용 절감, 생산성 등 계량할 수 있는 수치 중심으로 설계됐다. 그런데 최근에는 창의성, 협업, 고객 만족도, 심지어 심리적 안전감과 같은 비계량적 요소도 주요 지표로 포함하고 있다. 이는 숫자 경쟁에서 벗어나 '무엇을 성취했는가?'뿐만 아니라 '어떻게 성취했는가?'를 중요하게 여기는 현대적 조직 경영의 방향성과 맥을 같이한다.

　이러한 변화의 흐름 속에서 국내에서는 IT 기업 '우아한형제들'이 '반대 회의'와 '브레이크 룸' 제도를 통해 조직 내 '이견 제시'를 장려하고 있다. 특히 '반대 회의'는 안건이 결정되기 전, 반대할 사람만 모아 반론을 검토하는 파격적 형식으로, 이견을 전략적으로 활용하려는 실험으로 주목받고 있다. 이 사례는 반대의 목소리를 저항으로 받아들이기보다 '혁신의 신호'로 읽는 조직문화의 전환을 보여준다.

　저항은 포크 음악의 주된 정신이다. 포크는 저항의 언어였고 노래는 현실을 바꾸는 수단이었다. 베트남 전쟁 시기 미국 전역에서 울려 퍼진 반전 포크 음악들은 행진과 집회의 구호가 됐다. 마틴 루터 킹 목사의 민권운동도 「위 섈 오버컴We Shall Overcome」라는 포크 음악과 함께였다. 한국에서도 김민기의 「아침이슬」은 금지곡이었지만 대학가의 저항을 상징하는 노래로 자리 잡았고 광장에서의 합창은 결국 시대를 움직였다. 이처럼 포크 음악은 사회 변화를 촉발하는 상징이었으며 현실을 직시하고 참여하는 시민의식의 발화였다.

이견 관리와 생존

　포크 가수들은 자신의 창작곡을 통해 사회의 다양한 부조리와 권력의 만행 등에 줄기차게 저항했다. 반대에는 용기가 필요하다. 그리고 합의점을 찾기 위한 주장이자 구체적인 설득이어야 한다. 포크 음악은 무작정 자신과 다른 생각에 대해 저항하고 반대하지 않았으며 마땅히 수정돼야 할 모순에 관해 이야기했다.

현대카드는 회의실 안에 반대 의견을 제도화하는 장치를 도입했다. 상대 부서의 안건에 대해 '반대자'로 지정된 임원은 반드시 논리적이고 예리한 지적으로 반론을 제기해야 한다. 그 반대 논리의 수준과 성실성은 임원 인사 평가에 그대로 반영된다. 기존 질서에 저항한 한 개인 혹은 기업가의 혁신적인 시도가 새로운 질서와 제품을 탄생시켜 왔음을 늘 상기하라. 반대는 불편함을 유발한다. 하지만 혁신은 언제나 불편함 속에서 출발한다.

이와 대조적으로 반대 목소리를 수용하지 못해 전략적 기회를 잃은 사례도 있다. 삼성전자의 '타이젠Tizen' 운영체제 전략은 그 대표적 예다. 타이젠은 삼성과 인텔이 공동 개발한 리눅스 기반의 모바일 운영체제다. 이는 구글 안드로이드에 대한 의존도를 낮추고 독자적인 플랫폼 생태계를 확보하려는 전략적 시도였다. 하지만 개발 초기부터 외부 개발자와 파트너사 유입이 원활하지 않았고 애플리케이션 생태계도 제한적이었다. 당시 일부 내부 전략팀과 개발자들은 구글과 협업을 강화하고 오픈 생태계 중심으로 전략을 전환해야 한다는 반대 의견을 제기했다. 하지만 회사는 자체 플랫폼 구축이라는 방향을 밀어붙였다. 결과적으로 타이젠은 글로벌 생태계를 확보하지 못한 채 스마트폰 시장에서 외면받았고 삼성은 이후 안드로이드 중심 전략으로 회귀해야 했다.

삼성의 타이젠 사례는 강한 브랜드 파워를 가진 기업이라도 내부 이견을 수용하지 않으면 시장 변화에 뒤처질 수 있다는 점을 보여준다. 이는 심리학자 어빙 재니스Irving Janis가 저서 『집단사고』에서 경고한 위험을 실증적으로 보여주는 사례이기도 하다. 재니스는 집단 내 응집력이 지나치게 높아질 경우 '합의 압력'이 반대 의견을 억누르고 결국에는 대안 검토의 결여와 전략적 오류로 이어질 가능성이 커진다고 지적했다.

리더는 반대 목소리를 적대적으로 인식할 게 아니라 조직이 마주한 또 다른 현실을 반영하는 신호로 수용해야 한다. 건강한 갈등이 존재하지 않는 조직에서는 결국 혁신의 뿌리도 마르기 마련이다.

포용, 시너지의 문화

1세대 음악평론가 이백천은 1953년 명동에서 시작해 1969년 무교동에서 막을 내린 음악 감상실 '쎄시봉'에 대해 "포크 1세대 청춘문화의 발신지이자 한국 포크음악이 태동한 아지트"로 평가했다. 그는 쎄시봉에서 DJ이자 기획자로 활동하며 "쎄시봉은 젊은이들이 문화 생산과 음악 소통을 주도한 공간"이라고 회고했다. 쎄시봉이 단순한 감상실을 넘어 대중음악의 산실이자 문화적 메카로 자리매김했다는 평가를 뒷받침한다.

"쎄시봉은 단순한 음악 감상실이 아니라 젊은이의 문화를 생산하고 소비하며 새로운 트렌드를 만들어가는 대중음악의 산실이자 메카였다."

다양한 문화가 공존했던 쎄시봉의 무대에서 송창식은 이탈리아 가곡과 오페라 아리아를 기타 반주에 맞춰 불렀다. 박상규는 유쾌한 라틴 레퍼토리와 재치 있는 개그를 선보였다. 귀공자 윤형주는 맑고 고운 목소리로 흑인 영가를 거룩하게 불렀다. 이장희는 거침없는 목소리로 최신 팝송을 세련되게 구사했다. 쎄시봉은 타인의 취향을 존중하고 수용했다. 잘난 척도 못난 척도 존재하지 않았고 같은 것이라고는 하나도 없는 개성의 집합체였다.

모든 것이 순위로 평가받는 무한 경쟁 시대에 베스트보다 유니크에 박수를 보냈던 쎄시봉의 문화는 4차 산업혁명 시대의 기업에 시사점을 준다. 틀에 박힌 사고방식과 다른 혁신적인 아이디어를 대하는 자세에 대해 생각해보게 한다.

쎄시봉의 문화는 오늘날 다양성과 포용성의 중요성과도 맞닿아 있다. 쎄시봉 출신 음악가들은 각기 다른 배경과 성향을 지닌 채 상업적 성공보다 음악적 우정을 바탕으로 협업했다. '다름'을 배제하지 않고 공존과 창조의 원천이 될 수 있음을 보여주는 사례였다. 이러한 문화는 심리적 안전감을 중시하는 현대 조직 이론과 '포용적 리더십Inclusive Leadership'의 핵심 원칙과 맞닿아 있다. 심리적 안전감이란 구성원이 처벌에 대한 두려움 없이 자유롭게 의견을 제시하고 실수를 인정할 수 있는 분위기를 뜻한다. 이는 곧 학습과 혁신의 토대가 된다. 포용적 리더십은 다양성과 이견을 존중하며 경청, 공감, 협력을 통해 집단 지성의 시너지를 끌어내는 역량이다. 이러한 원칙은 변화와 불확실성이 큰 오늘날의 조직 환경에서 더욱 주목받고 있다.

진정성, 다양성의 원천

다양성이 진정한 혁신으로 이어지기 위해서는 구성원의 차이를 존중하고 수용하는 문화적 기반이 필요하다. 다름을 핵심 가치로 삼아 성과를 이룬 최신 기업 사례로는 미국의 디자인 플랫폼 핀터레스트, 공유 숙박 플랫폼 에어비앤비, 소셜미디어 앱 비리얼BeReal, 대화형 인공지능 챗GPT를 만든 오픈AI 등을 들 수 있다.

에어비앤비는 숙박 공유로 시작해 현지 체험 프로그램과 장기 체류 상품을 통해 여행의 방식 자체를 혁신했다. 호텔처럼 서비스를 표준화하기보다 각 지역 고유의 생활 문화를 체험하게 함으로써 '살아보는 여행'이라는 새로운 트렌드를 열었고 디지털 노마드 시장에서도 빠르게 존재감을 확대했다. 이는 앞서 언급한 사라스 사라스바티가 주창한 '이펙추에이션 이론'과도 맞닿아 있다. 에어비앤비는 이미 존재하는 시장을 찾으려고 하지 않았다. 자신들이 가진 자원과 네트워크를 활용해 새로운 수요를 창출함으로써 시장 자체를 창조했다.

비리얼은 하루에 한 번 무작위 시간에 알림을 받으면 즉석에서 전면과 후면 사진을 동시에 촬영해 편집이나 보정 없이 즉시 공유하도록 설계된 SNS다. 사용자는 2분 이내에 사진을 찍어야 하며 연출이나 선택의 여지가 없다. 이처럼 꾸밈을 허용하지 않는 구조는 철저하게 연출된 사진과 필터로 미화된 인스타그램 문화와 뚜렷이 대비된다. 인스타그램이 '가장 빛나는 순간'을 선별해 보여주는 공간이라면 비리얼은 '평범하고 꾸밈없는 지금 이 순간'을 기록하는 공간이다. 진정성과 자연스러움을 중시하는 Z세대와 밀레니얼 세대는 이 차별화된 경험에 강하게 반응했다. 2022년 한 해 동안 다운로드 수 5,000만 건을 기록했으며 애플 앱스토어에서 '올해의 앱'으로 선정됐다. 하버드 경영대학원 교수이자 전 메드트로닉 CEO인 빌 조지Bill George는 '진성 리더십Authentic Leadership' 개념을 통해 리더십의 본질은 '누구처럼 되는 것'이 아니라 '자기 자신이 되는 것'이라고 강조한다. 그는 진정한 리더십은 자기 인식Self-Awareness과 도덕적 용기Moral Courage에서 출발하며 타인의 기대나 외부의 틀에 맞추는 것이 아니라 내면의 가치와 일관되게 행동하는 데서 비롯된다고 주장한다. 이러한 이론에 전략적 기반을 둔 비리얼은 꾸밈없이 자기 자신을 드러내는 사용자 경험을 통해 SNS 시장에서 독보적 진정성과 신뢰성을 구축했다.

오픈AI의 챗GPT는 2022년 11월 말 출시된 지 2개월 만에 월간 활성 사용자 수MAU 1억 명을 돌파하는 기록을 세웠다. 오픈AI는 챗GPT가 사용자와 과거에 대화한 문맥을 기억해 대화를 자연스럽게 이어가는 기능을 지원함으로써 정보 탐색 방식을 대화 중심으로 재편했다. 검색 엔진이 정적인 결과를 나열하는 것과 달리 질문과 답변이 유기적으로 이어지는 대화형 인터페이스를 통해 사용자 경험 자체를 혁신한 것이다. 이는 데이비드 티스David Teece가 제시한 '동적 역량Dynamic Capabilities' 이론의 실제 적용 사례라 할 수 있다. 동적 역량은 기업이 불확실한 환경에서 유연하게 전략을 조정하고 지속적으로 자원을 재배치하며 경쟁우위를 유지하는 능력이다. 챗GPT는 빠르게 변화하는 정보 환경 속에서 스스로 학습하고 적응하며 사용자 요구에 맞는 혁신적 서비스를 창출했다.

핀터레스트는 '완벽하게 다듬어진 결과'를 강조하는 기존 SNS들과 달리 사용자가 흥미를 느끼는 아이디어나 이미지를 자유롭게 저장하고 공유하는 플랫폼을 지향했다. 게시물은 반드시 완성된 결과물이 아니어도 되며 실험적 시도나 창작의 과정 자체를 가치 있는 것으로 여긴다. 이처럼 과정을 존중하는 플랫폼 철학은 사내 문화에도 깊이 스며들었다. 직원들은 완벽한 계획보다 시도 그 자체를 중시하는 분위기 속에서 실패를 두려워하지 않고 실험적인 프로젝트에 도전할 수 있는 심리적 안전감을 누렸다.

핀터레스트는 이러한 문화를 바탕으로 포용적 리더십과 다양성 확보에도 구조적인 노력을 기울였다. 단순한 채용 수치를 넘어 다양한 관점과 배경을 존중하는 팀 환경을 조성함으로써 여성과 소수 인종 출신 인재의 채용 비율에서 업계 평균을 상회하는 성과를 거두었다. 이는 결과보다 과정을 중시하고 완성보다 가능성을 존중하는 조직의 태도가 포용성과 창의성이라는 두 축을 함께 견인할 수 있음을 보여주는 사례다.

핀터레스트의 경영 전략은 탐색과 활용이라는 두 활동을 동시에 하는 '양손잡이 조직' 이론과 맞닿아 있다. 이 이론은 기업이 현재의 운영 효율성을 유지하면서도 미래를 위해 혁신적 실험을 병행해야 지속해서 성장할 수 있음을 강조한다. 핀터레스트는 기존 성과를 유지해 수익을 창출하는 동시에 새로운 혁신 기회를 끊임없이 탐색하며 조직의 미래 성장 가능성을 확장하고 있다.

맥킨지의 연구에 따르면 조직 내 다양성과 포용성이 높은 기업은 그렇지 않은 기업에 비해 수익성과 혁신 지표에서 평균적으로 더 뛰어난 성과를 보이는 경향이 있다. 특히 경영진의 성별 및 인종 다양성이 상위 25%에 속한 기업은 수익성과 시장 대응력에서 유의미한 경쟁 우위를 확보하는 것으로 나타났다. 다름은 충돌을 일으키기도 하지만 그 충돌이야말로 새로운 가치와 관점을 만들어내는 원천이다. 김민기와 김광석은 과거의 포크 가수지만 오늘날의 포크 가수와 청중에게도 여전히 울림을 주고 있다. 기업의 혁신 또한 굳건한 정체성과 전통 속에서 반대의 목소리에 귀 기울이며 지금과 소통하려는 노력에 답이 있는 것은 아닐까?

2
경계 너머의 여성

디바의 두 얼굴

'디바Diva'라는 단어는 원래 오페라의 여주인공인 프리마돈나를 지칭하는 찬사였다. 하지만 오늘날 '디바'는 종종 까탈스럽고 자기중심적인 인물이라는 부정적 이미지로 쓰이기도 한다. 이는 여성의 재능을 인정하면서도 동시에 억제하려는 사회의 이중적 시선을 반영한다. 뛰어난 여성 가수를 높이 칭송하면서도 동시에 비하하는 이중 잣대는 무대 위의 여성 아티스트뿐만 아니라 직장에서 여성 리더가 마주하는 첫 번째 장벽이기도 하다.

기업 경영의 현장에서도 여성 리더는 여전히 소수에 머물고 있다. 우리나라 여성 고용률은 경제협력개발기구 평균 59.7%에 못

미친다. 남녀 임금 격차는 무려 38%로 조사 대상국 중 가장 높다. 이러한 사례는 심리학자 앨리스 이글리Alice Eagly와 스티븐 카라우 Steven Karau가 제시한 '역할 적합성 이론Role Congruity'으로 설명할 수 있다. 이 이론은 여성 리더에 대한 편향을 설명하는 데 유용한 틀을 제공한다. 사회는 여성에게 따뜻하고 협력적인 태도를 기대하지만 리더로서는 강인함, 단호함, 지시력을 요구한다. 이처럼 성 역할과 리더십 역할 간의 충돌은 여성 리더에 대한 부정적 평가를 불러일으키며 승진과 리더십 인정 과정에서 구조적인 장벽을 강화할 수 있다.

또한 글로벌 비영리단체 캐털리스트가 2007년 보고서에서 제시한 '더블 바인드Double Bind' 개념에 따르면 여성 리더는 단호하면 '공감 부족'과 부드러우면 '리더십 부족'이라는 모순된 평가를 동시에 받는다. 이에 따라 여성들은 어떤 행동을 해도 부정적 인식에 직면할 위험을 안고 리더십을 발휘해야 한다. 그럼에도 수많은 여성이 이러한 편견을 극복하고 탁월한 리더십을 증명해왔다.

여성 리더, 내면에서 길을 찾다

K-팝을 대표하는 아티스트 아이유는 작사, 작곡, 프로듀싱 전반에 적극적으로 참여하며 자기 서사를 구축한 독립형 아티스트다. 『팔레트Palette』와 『러브 포엠Love Poem』 등의 앨범은 그녀의 예술적

정체성과 감수성을 또렷하게 드러낸 작품들로 상업성과 예술성을 동시에 인정받았다. 특히 "내 목소리를 책임질 수 있는 사람은 결국 나뿐"이라는 그녀의 발언은 대중음악계에서 드물게 자기 결정권과 표현의 주체성을 강조한 사례다. 책임감 있는 여성 리더십의 한 모델을 보여준다.

블랙핑크는 전 세계 시장을 겨냥해 글로벌 명품 브랜드와 협업하며 여성 아이돌 그룹의 위상을 전략적으로 확장했다. 음악과 패션을 통합한 활동은 퍼포머를 넘어 크리에이터로서의 새로운 정체성을 보여주었다. 휘트니 휴스턴은 여성, 흑인, 솔로 가수라는 삼중 장벽을 허물고 주류 팝 시장을 장악했다. 저메인 잭슨, 스티비 원더, 베이비페이스, 루서 밴드로스, LA리드와 협업하며 탄탄한 네트워크를 구축했다. 주연을 맡은 영화 「보디가드」가 흥행에 대성공하며 대중성과 예술성을 모두 거머쥐었다. 휘트니의 성공은 이후 자넷 잭슨과 머라이어 캐리 등 수많은 여성 아티스트에게 주류 시장에서 목소리를 낼 수 있는 가능성과 정당성을 열어주었다.

기업 경영의 현장에서도 이와 유사한 사례가 있다. 아룬다티 바타차리아 Arundhati Bhattacharya는 인도국립은행 SBI의 211년 역사상 최초의 여성 회장이자 최초로 정년을 연장한 인물이다. 그녀는 성공 비결로 두 가지를 강조했다. 첫째는 초기에 평판을 쌓아야 한다는 것이다. 둘째는 성별을 초월한 네트워크와 팀워크를 구축해야 한다는 것이다. 이러한 원칙은 음악계 디바들이 보여준 자기 관리와 협업 전략과도 정확히 일치한다.

마돈나는 매버릭 레코드Maverick Records를 창립하고 스타성과 비즈니스를 결합한 전략으로 브랜드 확장에 성공했다. 다큐멘터리 「진실 혹은 대담Truth or Dare」으로 대중과 인간적 교감을 끌어낸 것도 주목할 만하다. 그리고 레이디 가가는 창작 집단 '하우스 오브 가가'를 통해 음악, 패션, 미디어를 아우르는 복합 브랜드를 구축했다. 또한 과감하고 상징적인 무대 연출을 통해 사회적 메시지를 예술적으로 표현하면서도 대중성과 화제성을 동시에 확보했다. 마돈나와 레이디 가가는 창의성과 경영 감각을 결합해 새로운 리더십을 실현해냈다.

여성, 자신의 이름으로 걷다

　　여성 리더십이 꽃피우기 위해서는 제도적 지원이 필수다. 글로벌 제약사인 일라이릴리Eli Lilly는 평등 임금, 유연 근무제, 여성 리더십 프로그램 등을 통해 여성의 경영진 진출을 적극적으로 지원하고 있으며 2019년 보건의료 여성경영자협회HBA로부터 성 평등 부문의 상을 수상했다. 피앤지P&G는 최대 1년의 유급 육아휴직과 무급 추가 육아 휴직을 모든 부모에게 제공했다. 더 나아가 유연 근무제와 재택근무 인프라 확충을 통해 기업문화 전반에 가족 친화적 모델을 정착시키고 있다. 핀란드와 노르웨이 등 북유럽 국가들은 여성 이사회 비율을 40% 이상으로 의무화하고 성별 다양성 증진을 통해 기업 성과를 향상하고 있다. 여성 리더를 '허용'하는 단계를 넘어 적극적으로 '활용'하는 전략적 변화의 흐름을 반영한다.

이러한 사례는 점차 확대되고 있다. 실리콘밸리에서도 여성 중심 헬스케어 혁신 사례가 주목받고 있다. 캐롤라인 위테Carolyn Witte는 2017년 구글 크리에이티브 랩Google Creative Lab에서의 경험과 개인적 건강 문제를 바탕으로 티아Tia를 공동 창립하고 '정신 치료'를 구현하는 통합형 여성 의료 플랫폼을 구축했다. 티아는 1차 진료, 부인과, 정신건강, 침술, 폐경기 지원 등 여성의 생애 전체에 걸친 서비스를 제공한다. 2021년 1억 달러 규모의 투자 유치로 실리콘밸리Silicon Valley에서도 주목받는 펨테크Femtech의 대표 주자가 되었다. 테미에 지와 투보순Temie Giwa-Tubosun은 아프리카 의료 공급망을 혁신한 라이프뱅크LifeBank의 창립자다. 그녀는 사회적 가치와 수익성을 동시에 실현하며 글로벌 무대에서 여성 창업가 모델을 재정의했다.

틸다 텔레스와 테미에 지와 투보순은 전통적 승진 구조를 거쳐 리더가 된 인물이 아니다. 이들은 여성의 삶에서 체감한 문제를 비즈니스 기회로 전환해 시장의 빈틈을 읽어낸 창조적 개척자다. 기존 시스템이 해결하지 못한 사회 문제의 틈에서 출현했다는 점에서 시스템의 산물이라기보다는 시스템의 경계에서 새로운 질서를 만든 주체로 해석할 수 있다. 휴렛팩커드의 칼리 피오리나가 거대한 조직 내부에서 구조를 변혁하려 했다면 이들은 구조 밖에서 새로운 생태계를 설계한 창업형 리더라 할 수 있다.

경영학에서는 이런 변화를 다양성 기반 리더십Diversity-Based Leadership으로 설명한다. 조직행동론 분야의 전문가 데이비드 해리슨David Harrison과 캐서린 클라인Katherine Klein은 다양성을 세 가지로 구분했다. 가치관이나 의견 차이를 뜻하는 분리형Separation, 정보와 경험의 다양성을 뜻하는 다양형Variety, 지위나 권력 격차를 의미하는 불균형형Disparity이다. 이 중 다양형이 조직 창의성과 문제 해결 능력 향상에 가장 기여한다. 이러한 분석은 배경이 다양한 여성 리더의 존재가 조직 성과에 긍정적 영향을 미친다는 점을 뒷받침한다.

여성 리더십은 심리적 안전감을 증진하고 갈등을 생산적으로 관리하며 팀워크와 커뮤니케이션 효율성을 높이는 데 강점을 보인다. 음악계의 디바들이 보여준 자기 관리, 평판, 팀워크 구축의 원리와도 정확히 맞아떨어진다. 디바들이 고난 속에서도 빛을 발했던 것처럼 오늘날의 여성 리더도 편견과 구조적 한계를 넘어 자신의 목소리를 키워가고 있다. 그들의 리더십은 조직을 이끄는 새로운 방향을 보여주면서 다음 세대가 더 높은 곳을 향해 나아갈 수 있도록 사다리를 놓고 있다.

여성의 재능은 '비용'이 아니라 '자산'이다. 기업과 사회가 여성의 능력을 인정해야 함은 당연하고 이제는 적극적으로 활용하고 육성해야 한다. 다양성, 창의성, 협력과 공감이라는 새로운 리더십 언어는 이제 기업과 공동체를 움직이는 핵심 동력이 되고 있다. 그리고 이러한 변화의 중심에는 틀에 갇히지 않고 스스로의 목소리와 경험을 바탕으로 경계를 확장해온 여성 리더들이 자리하고 있다. 이들은 마치 음악처럼 고유한 서사와 감각으로 세상과 연결되며 조직과 사회의 변화를 이끌고 있다.

3
인간적 울림, 기타의 상징

기타의 기원과 진화

통기타가 집 안에 한 대쯤은 꼭 있던 시절이 있었다. 소풍 가는 날이면 케이스 없이 기타를 어깨에 메고 나섰다. 마치 그것만으로도 자기표현이 되는 듯한 시절이었다. 아이돌이 초청되는 현란한 지금의 대학 축제와 달리 오래전에는 통기타 한 대만을 들고 초대 가수가 소박하게 무대에 올랐다. 가수가 연주를 시작하면 청중은 숨죽여 기타 선율과 목소리에 넋을 잃었다. 사람들의 눈과 귀와 마음을 사로잡던 기타에 관한 추억은 '기타 등등'의 이야기로 아련하게 기억 속에 남아 있다.

기타는 인류 문명과 역사를 함께한 악기다. 기타의 어원은 고대 페르시아어 '차타르Chartar'에서 유래됐다. 8세기 초 사라센 제국의 무어인이 800년간 스페인을 지배했던 기간에 아랍의 음유시인과 장인이 그들의 악기와 음악을 스페인에 가져왔다. 이때 가져온 무어인의 악기 모리스카Guitarra morisca와 스페인 사람의 라티나Guitarra latina가 함께 진화한 것이 기타라는 설이 유력하다.

하지만 오늘날의 기타와 유사한 형태와 기능을 갖춘 악기는 르네상스 시대에 등장했다. 비발디, 바흐, 헨델 같은 거장들이 활동했던 바로크 시대에는 스페인 마드리드를 비롯한 작은 지방의 아이들도 기타를 흔하게 연주했다는 기록이 남아 있다. 르네상스 음악의 근본인 민본주의 정신이 다시 꽃을 피웠던 고전주의 시대에 프랑스 혁명과 계몽주의의 영향으로 시민 계급이 부상하면서 기타는 소수 귀족의 악기에서 일반 대중의 악기로 개량과 발전을 거듭하게 된다.

18세기 말부터 19세기에 걸쳐 제작자들이 기타 개량에 힘쓴 결과 오늘날과 같은 여섯 줄 기타가 전성기를 맞았다. 18세기 후반은 작곡가 페르난도 소르Fernando Sor, 마우로 줄리아니Mauro Giuliani, 마테오 카르카시Matteo Carcassi 등이 기타 음악을 발전시키며 기타의 황금기로 기억된다. 바이올린 제작의 신이라 불리는 안토니오 스트라디바리Antonio Stradivari도 최상급 바로크 기타를 제작했다. 하지만 오늘날과 같은 디자인과 제작 방식을 완성한 인물은 안토니오 데 토레스Antonio de Torres였다. 75세로 세상을 떠날 때까지 기타

300여 대를 제작한 그의 기법은 오늘날까지도 '기타 제작의 바이블'처럼 전수되고 있다.

스페인에서 발명된 기타는 토레스에 의해 현대적 구조를 완성하고 전설적인 기타리스트 안드레스 세고비아Andrés Segovia를 통해 전 세계에 알려졌다. "혹독한 연습을 견딜 수 없는 사람은 결코 진정한 음악인이 못 된다."라는 세고비아의 말은 열다섯 살에 이미 기량을 완성한 그의 치열한 노력과 고독한 여정을 짐작하게 한다. 세고비아는 기타를 독주 악기로서 예술적 경지에 올려놓았고 94세에 세상을 떠날 때까지 은퇴 없이 연주를 지속했다. "기타는 신경질적인 여인처럼 다루기 어렵다. 그래서 나는 그녀에게 충성한다."라는 그의 고백처럼 기타는 단순한 악기를 넘어 연주자의 헌신과 사랑을 요구하는 악기다.

세계적 클래식 기타 연주자 나르시소 예페스Narciso Yepes는 호세 라미레스 3세José Ramírez III의 공방에서 제자를 위해 기타 두 대를 주문했다. 라미레스는 2년 뒤 공방을 다시 찾은 예페스에게 기타의 상태에 대해 물었다. 이에 예페스는 "악기의 상태는 소유자의 성품에 따라 달라집니다."라고 답했다. 게으른 제자의 기타는 음색부터 외관까지 엉망이 됐지만 정성을 들여 아낀 제자의 기타는 명기가 됐다는 것이다.

우리가 흔히 말하는 통기타는 나일론 줄을 사용하는 클래식 기타와 달리 금속 현을 사용하는 어쿠스틱 기타를 말한다. 전기적 장치 없이 공명판을 통해 소리를 울리는 구조로 된 통기타는 자연스러운 울림과 생생한 터치를 전달하는 악기다. 그 원조는 마틴 기타 Martin Guitar다.

장인정신과 혁신

가수 최성수는 음악 감상실 쉘부르에서 언더그라운드 가수로 활동하던 시절에 언젠가 꼭 성공해서 마틴 기타를 갖고 싶다는 꿈을 꾸었다고 말했다. 훗날 그는 나에게 생애 특별한 순간으로 미국 펜실베이니아주 나자레스에 있는 마틴 기타 본사를 직접 찾아가 기타를 주문했던 기억을 꼽았다. 마틴은 전 세계 수많은 통기타 연주자들의 꿈이었다. 폴 사이먼, 닐 영, 에릭 클랩튼 등은 모두 마틴 기타를 평생의 동반자로 삼았다. 한국 포크 음악의 상징인 김광석 또한 마틴 기타를 '꿈의 악기'라 부르며 무대 위에서 늘 함께했고 그가 세상을 떠난 후 마틴은 '김광석 모델'을 제작해 그의 음악적 유산을 기렸다.

마틴이 추구하는 철학은 단순하지만 강력하다. '품질은 타협하지 않는다Quality without compromise.'는 원칙은 1833년 창립자 크리스토퍼 프레더릭 마틴Christian Frederick Martin이 회사를 세울 때부터 지금까지 거의 200년에 걸쳐 이어져 내려오고 있다. 이 단순한 문장은 오늘날에도 마틴 기타의 정체성과 장인정신을 상징하는 문장으로 남아 있다. X-브레이싱 구조, 14 프렛 접합, 드레드넛 모델 등은 현대 어쿠스틱 기타의 설계를 바꾼 혁신이었다.

　최근 마틴은 전통을 고수하는 동시에 시대 변화에도 적극적으로 대응하고 있다. 그 중심에 있는 것이 바로 커스텀 샵Custom Shop이다. 이곳에서는 고객 요청에 따라 장인이 손수 제작한 맞춤형 기타를 제작 판매한다. 목재 선정부터 바디 셰이프, 인레이(장식 문양), 니트로셀룰로스 래커 마감에 이르기까지 고객 요청에 따라 세밀하게 조율한다. 일부 한정판 모델은 수십 년간 자연 건조한 톤우드를 사용하거나 마틴이 보관하고 있던 빈티지 목재를 활용해 과거 마틴 사운드의 재현을 시도하기도 한다.

　커스텀 샵은 특히 세계적 아티스트와 협업해 그 명성을 더욱 확고히 했다. 에릭 클랩튼을 위해 제작한 000-28EC 모델은 커스텀 샵이 생산한 가장 성공적인 시그니처 모델 중 하나로 평가받으며 수많은 기타리스트에게 영감을 주었다. 존 메이어John Mayer를 위해 제작한 OMJM 모델 역시 고품질과 현대적 감각을 조화한 대표 사례로 꼽힌다.

　커스텀 샵의 제작 과정은 장인과 고객이 함께 만들어가는 예술이다. 주문은 세부 사양을 설정하는 긴 상담에서 시작된다. 원하는 목재의 종류, 바디 형태(드레드넛, OM, 000 등), 지판 폭, 브레이싱 패턴, 심지어 인레이 장식 문양까지 하나하나 고객과 협의해 결정한다. 이후 선택된 톤우드는 수개월 동안 자연 건조 과정을 거쳐 수축과 팽창을 최소화한다. 목재 준비가 완료되면 숙련된 장인이 손으로 바디를 조립하고 손맛을 살린 니트로셀룰로스 래커를 여러

번 얇게 뿌려 깊은 울림과 오랜 내구성을 만들어낸다. 마지막 단계에서는 최적의 소리 균형을 위해 기타마다 별도로 보정 작업Voicing을 한다. 이 모든 과정을 거쳐 완성된 기타는 단 하나의 유일무이한 작품이 된다.

디지털 시대에도 여전히 사람의 손끝에서 태어나는 악기의 가치는 건재하다. 마틴 커스텀 샵은 고객과 장인이 함께 빚어낸 예술 작품을 통해 수제 악기가 전달할 수 있는 깊은 울림과 감동을 다시 한번 증명하고 있다.

브랜드와 전통

마틴도 위기가 있었다. 남북전쟁 이후 통기타 수요의 급감, 1929년 대공황기의 판매 절벽, 20세기 후반에 닥친 과잉 생산 문제까지 마치 '산 넘어 산'이라는 표현이 그대로 들어맞을 만큼 마틴의 앞에는 연속된 위기가 놓여 있었다. 그러나 마틴은 보수적으로 방어하기보다 '혁신'을 선택했다. 20세기 초에는 생산성을 높이기 위해 공장 시스템을 개선하고 연속적인 작업 공정Line Production을 도입했다. 수작업의 정교함을 유지하면서도 생산 흐름을 효율화하는 이 방식은 장인정신과 현대적 운영방식의 절묘한 조화를 보여주었다. 1930년대에는 드레드넛 모델과 X-브레이싱 구조를 도입해 새로운 시장을 창출했다. 21세기에 들어서는 환경적 책임을 강화하며 악기 업계 최초로 멸종 위기 수종인 브라질산 로즈우드 대신 산림관리협의회FSC 인증을 받은 지속가능한 목재를 사용해 악기를 제작한다. 산림관리협의회 인증은 산림의 생태적 보전과 지역사회의 권리 보호, 경제적 지속가능성을 모두 충족하는 방식으로 벌목된 목재에 부여되는 국제 인증으로 친환경 마인드와 윤리적 생산에 대한 마틴의 철학을 보여준다.

마틴은 사회적 책임 측면에서도 장기적 비전을 일관되게 실천했다. '이해관계자 이론'은 기업이 주주뿐만 아니라 고객, 직원, 지역사회 등 다양한 이해관계자의 이익을 균형 있게 고려해야 한다는 경영 원칙을 강조한다. 마틴은 이를 이론보다 앞서 현실에서 실천해왔다. 노동자 복지를 위해 의료 지원과 직업 교육 프로그램을 운영했으며 지역사회의 문화예술 행사 후원에도 적극적으로 나섰다. 또한 종업원 지주제를 통해 직원이 회사의 공동 주인으로 참여하는 문화를 조성했다. 이는 단순히 일방적인 복지를 제공하는 것이 아니라 사회적 책임 측면에서 직원과 기업이 함께 성장하는 구조를 만드는 전략으로 평가할 수 있다.

마틴은 창립 이후 지금까지 한 번도 외부 투자자에게 지배권을 넘기지 않고 6대에 걸쳐 가족 경영 체제를 유지하고 있다. 이는 기업의 투명하고 책임 있는 지배구조를 보여주는 상징적 사례로 손꼽힌다. 단기적 수익에 휘둘리지 않고 긴 안목을 가지고 경영을 이어온 이 전통은 오늘날 더욱 빛을 발하고 있다.

최근 기타 산업 전반에서도 ESG 경영이 본격화되고 있다. 깁슨

Gibson은 재활용 목재를 활용한 친환경 모델을 출시했다. 테일러 Taylor는 중미 지역 삼림 복원 프로젝트에 투자해 지속가능한 공급망 구축에 나섰다. 소비자들 역시 '어떤 나무로 만들어졌는가?'에 주목하며 악기의 윤리적 생산 여부를 중요한 구매 기준으로 삼기 시작했다. 더 이상 기타는 소리만으로 평가받지 않는다. 어떤 과정을 거쳐 만들어졌는지가 브랜드 가치를 좌우하는 시대가 도래한 것이다.

마틴은 이러한 변화 속에서도 한발 앞선 '착한 소리'를 들려주며 악기의 미래를 책임지는 브랜드로 자리매김하고 있다. 이는 곧 전통을 고수하면서도 변화에 능동적으로 대응한 전략적 선택의 결과다. 위기 속에서도 ESG를 향해 나아간 마틴의 선택은 오늘날 모든 장인 기업과 중소 브랜드가 참고해야 할 지속가능 경영의 교과서라 할 수 있다.

사람 중심의 브랜드

전자음악의 시대에 통기타는 어떤 의미일까? 음향은 전자적으로 구현할 수 있어도 울림은 여전히 사람의 손끝에서 탄생한다. 기타는 몸으로 소리를 내는 악기다. 연주자의 체온, 감정, 숨결까지도 공명판에 스며든다. 인공지능이 멜로디를 쓰고 자동화 장비가 악기를 만들어도 사람의 마음을 울리는 진동은 목재와 손끝 사이에서 탄생한다.

우리 대중음악의 전설 송창식은 기타의 거장 함춘호와 기타 두 대만으로 무대를 채운다. 함춘호는 중학교 1학년 시절에 선배 송창식의 무대를 보고 기타를 시작했다. 오랜 세월이 흐른 지금 그는 무대에서 자신의 우상과 나란히 서서 연주하고 있다. 송창식은 함춘호의 기타 연주가 함께해야 "노래할 맛이 난다."라고 했다.

기타는 사람과 가장 비슷한 악기다. 마음을 나누면 더 좋은 소리를 내고 소홀하면 토라진다. 디지털이 압도하는 세상에서 오히려 통기타의 아날로그적 존재는 더욱 의미가 있다. 사람의 마음을 움직이는 것은 결국 사람의 소리다. 통기타는 그 울림의 가장 원형적 형태일 것이다.

기술이 아무리 발달해도 진정한 울림은 사람의 체온을 통과해야만 전달된다. 나무와 손끝 그리고 사람의 숨결과 마음이 어우러져 내는 소리. 그것은 공장에서 찍어낼 수 없는 고유한 진동이며 한 사람의 삶과 감정이 녹아든 목소리다.

기업도 마찬가지다. 디지털 전환, 자동화, 인공지능이 기업 경영을 지배하는 시대에도 진짜 브랜드는 결국 '사람'을 통과한 울림 위에 세워진다. 장인의 손끝에서 기타의 울림판이 완성되듯 경영자의 철학, 직원의 열정, 고객과 맺은 신뢰가 브랜드의 울림판을 완성한다. 기타가 그렇듯 조직도 다루는 손끝에 따라 전혀 다른 울림을 낸다. 정성이 없으면 소리는 메마르고 거칠지만 따뜻한 마음과 장인정신이 깃들면 그 소리는 사람의 마음에 가닿는다. 그런 이유로 통기타는 사람의 마음을 오래 기억하게 하고 손끝의 진심을 전하는 가장 인간적인 악기다. 그리고 그 울림은 여전히 세상을 조금씩 아름답게 바꾸고 있다.

4
리듬, 심장의 울림

해방과 치유의 두드림

　데이미언 셔젤 감독의 영화 「위플래쉬」는 최고의 드럼 연주자를 꿈꾸는 학생 앤드류와 그의 재능을 알아채고 폭군처럼 극한까지 몰아붙이는 선생 플레처와의 갈등을 그렸다. '위플래쉬Whiplash'는 원래 채찍질이라는 뜻이지만 영화에서는 음악의 강렬함과 정서적 충격을 함께 상징한다. 1973년 색소폰 연주자 행크 레비Hank Levy가 작곡한 이 곡은 특이하게도 재즈의 중심 악기인 관악기나 피아노보다 드럼이 주인공이 되는 곡이다. 테크닉이 요구되는 빠른 템포의 이 곡을 연주하는 앤드류의 재능을 첫눈에 알아본 플레처는 자신의 밴드에 그를 합류시킨다.

이 영화의 클라이맥스는 후앙 티졸과 듀크 엘링턴의 곡 「카라반 Caravan」에서 앤드류가 펼치는 5분간의 드럼 솔로다. 폭풍처럼 몰아치는 연주는 두 사람의 대결, 갈등, 해탈과 열반에 가까운 카타르시스를 선사하며 영화의 대미를 장식한다. 여기서 드럼은 인간 내면의 분노와 열정 그리고 구원을 표현하는 도구다.

특히 이 장면은 관객의 감정과 감각을 자극해 이야기에 깊이 몰입하게 만든다. 이는 '경험 학습' 이론에서 강조하는 "신체를 통한 몰입 경험이 인지와 감정의 변화를 촉진한다."라는 주장과 맞닿아 있다.

서사를 연주하는 북소리

타악기는 인류가 만들어 사용한 최초의 악기다. 일상에서 흔히 접할 수 있는 재료로 만들어지며 두드리거나 부딪치거나 혹은 흔들어서 연주한다는 점에서 가장 원초적인 음악의 형태라 할 수 있다. 고대 중국의 북은 제사나 주술 음악에 사용됐다. 때로 동물이나 적을 위협하거나 신호를 보내는 도구로 활용됐다.

그러나 노예제도의 역사에서 타악기는 역설적으로 금지된 악기였다. 미국 미시시피주의 농장주들이 제정한 법 「블랙코드Black Code」는 노예들의 북과 피리 사용을 금지했다. 그 이유는 타악기가 언어와 통신의 수단으로 활용되어 반란을 조직하는 데 쓰일 수 있었기 때문이다. 따라서 북은 가장 원시적이고 본능적인 도구인 동시에 가장 통제해야 할 도구이기도 했다.

타악기의 예술적 지위는 유럽 고전음악에서도 오랜 시간 조연에 머물렀다. 그러던 것이 18세기 터키 군악대의 행진 음악에서 영감을 받은 유럽 작곡가들이 작품에 타악기를 도입하면서 점차 확대됐다. 낭만주의를 지나며 차이콥스키는 관현악곡 「1812년 서곡」에서 실제 대포 발사음을 악보에 포함했다. 드보르자크는 교향곡 「신세계로부터」에서 단 한 번 등장하는 심벌즈로 인상적인 효과를 남겼다.

타악기는 조연에서 점차 존재감을 드러내기 시작했다. 드뷔시, 스트라빈스키, 바레즈 같은 작곡가들이 타악기를 중심 악기로 삼으며 현대음악에서 위상이 높아졌다. 드뷔시는 작품집 『전주곡집 2권』에 수록된 곡 「괴짜 라빈 장군」에서 드럼과 탬버린을 적극적으로 사용해 서커스 광대의 경쾌하고 유머러스한 리듬감을 표현했다. 스트라빈스키는 발레 음악 「봄의 제전」에서 팀파니, 베이스 드럼, 탐탐 등 다양한 타악기의 거친 울림을 통해 원초적 에너지를 표현했으며 리듬 자체를 곡의 중심 언어이자 핵심 구조로 삼았다. 바레즈는 관현악곡 「이온화Ionisation」에서 오직 타악기만으로 구성된 최초의 현대음악 작품을 발표해 타악기를 순수한 소리와 구조 실험의 주체로 격상했다. 이들 작품은 타악기가 보조 악기에서 음악의 서사, 감정, 구조를 주도하는 존재로 진화하는 변곡점을 상징한다.

이러한 타악기의 진화는 마치 학습이론에서 '소외된 감각과 경험을 회복하려는 참여형 학습'의 흐름과도 닮았다. 초기에는 부차적 존재로 여겨졌지만 점차 주체적 참여와 새로운 의미를 통해 핵심 역할을 하게 된 것이다.

해방의 리듬

타악기는 한국 음악에서도 매우 중요한 역할을 해왔다. 유네스코 인류무형문화유산으로 등재된 종묘제례악의 기준 악기는 현악기와 관악기가 아니라 돌을 깎아 만든 타악기인 편경이다. 고려 시대 중국에서 전해진 이 악기는 경석이라는 돌을 깎아 음정을 만들고 망치 모양의 도구로 두드려 연주한다. 세종대왕 때 경기 남양에서 경석이 발견되면서 우리 고유의 음률에 맞는 편경을 제작할 수 있게 됐다. 조선 최고의 법전이라고 불리는 『경국대전』에 따르면 편경을 훼손한 자는 3년 유배형과 곤장 100대의 처벌을 받았다. 이는 편경이 국가의 음악 질서와 권위를 상징하는 핵심 기물이었음을 보여준다.

조선 태종 시절에 설치된 신문고 역시 북이었다. 억울한 백성이 북을 쳐서 자신의 사정을 알리게 하자는 취지였다. 그러나 실제로는 노비나 민초의 억울함을 풀기에는 한계가 있었다. 그럼에도 신문고는 '두드림'을 통해 권력자에게 자신의 사정을 전달하려는 시도다. 오늘날 컴퓨터 자판을 두드려 참여하는 국민 청원도 그 맥을 같이한다고 볼 수 있다.

K-컬처가 주목받는 오늘날 한국에서 타악기는 공연예술로 진화했다. 대표적 예가 비언어 타악기 공연「난타」다. 두드려서 소리가 나지 않는 물체가 없음을 증명하듯 도마와 같은 조리 기구 등으로 무대를 채우며 전 세계인을 사로잡았다. 전통 연희였던 농악의 네 가지 악기인 꽹과리, 징, 장구, 북을 활용한 사물놀이는 인종과 세대를 초월해 흥과 신명을 전달하고 있다.

타악기는 단지 리듬을 연주하기 위한 도구가 아니다. 그것은 억눌린 감정, 사회적 억압, 개인적 고통을 해방하는 통로다. 드럼 서클Drum Circle은 악보나 연주 실력에 관계없이 누구나 참여해 함께 리듬을 만들어가는 즉흥적 타악기 놀이이며 치유와 소통의 수단으로 세계 곳곳에 확산되고 있다. 1960~1970년대 미국에서 공동체 음악운동의 일환으로 시작된 이 문화는 일본과 한국 등 아시아 지역에서도 교육, 심리치료, 조직 개발 등 다양한 분야로 응용되며 사회적 공명을 넓혀가고 있다. 다양한 기업에서도 이 방식을 조직 관리와 팀워크 향상을 위한 도구로 활용하고 있다. 대표적으로 미국의 헬스리듬Health Rhythms 프로그램은 드럼 서클을 통해 직원 간 스트레스를 줄이고 소통을 증진하는 데 초점을 맞추고 있다. 이 프로그램은 세계적 드럼 제조사 레모Remo가 뇌신경학자 배리 비트먼Barry Bittman 박사와 음악치료 전문가들과 공동 개발한 것이다.

레모는 타악기를 활용한 웰니스 프로그램 개발과 드럼 서클 문화 확산에서 선도적 역할을 해왔다. 이 회사는 치료용 드럼을 따로 제작할 만큼 음악과 치유의 연결 가능성에 주목해왔다. 그 비전은 제품을 넘어 '공동체 회복과 자기표현의 도구'로서 드럼을 재정의하는 데까지 이르고 있다.

IBM, 구글, 마이크로소프트 같은 글로벌 기업들도 타악기 워크숍을 통해 창의성과 협업 능력을 키우고 있다. 이들은 음악을 조직의 심리적 안전지대를 조성하고 수평적 의사소통을 촉진하는 전략적 도구로 인식하고 있다. 드럼 서클은 계급, 역할, 직위와 무관하게 모두 동등하게 참여한다. 이는 조직 내 위계질서를 유연하게 만들고 새로운 리더십 모델을 실험할 수 있는 장으로 작용한다.

드럼 서클 기반 학습은 현대 교육심리학에서 중시하는 '참여형 학습Participatory Learning'과 '경험 학습Experimental Learning' 이론과도 밀접한 관련이 있다. 경험 학습 이론을 주창한 교육심리학자 데이비드 콜브는 인간은 '경험을 통해 학습하고 성장한다.'라고 보았다. 그는 심리학자 쿠르트 레빈의 행동 연구 모델과 '장Field' 이론에 영향을 받아 학습이 단순한 지식 축적이 아니라 경험의 순환적 변환 과정을 통해 이뤄진다고 보았다. 콜브가 제시한 '경험 학습 4단계 사이클'은 다음과 같다. 이 경험 학습 사이클은 한 방향이 아니라 순환적이다. 즉 학습자는 하나의 사이클을 마치고 새로운 경험을 통해 다음 사이클로 넘어가며 점차 더 깊은 이해와 기술을 축적하게 된다.

드럼 서클은 이 경험 학습 사이클을 놀랍도록 충실하게 재현한

경험 학습 4단계 사이클

1단계	구체적 경험 Concrete Experience	실제 활동이나 사건을 경험한다.
2단계	반성적 관찰 Reflective Observation	경험을 관찰하고 되돌아보며 의미를 찾는다.
3단계	추상적 개념화 Abstract Conceptualization	경험을 이론화하고 개념화해 틀을 구성한다.
4단계	능동적 실험 Active Experimentation	새로 얻은 이론이나 통찰을 실제 상황에 적용한다.

다. 먼저 참가자들은 타악기를 직접 두드리며 구체적 경험을 한다. 그다음 연주 중에 발생하는 리듬의 흐름과 동료들의 반응을 관찰하면서 반성적 관찰을 한다. 이어서 리듬 구조와 공동 창작 과정을 이해하고 추상적 개념화를 통해 자신의 연주와 팀워크를 이론화한다. 마지막으로 이를 다른 리듬이나 연주 상황에 적용하며 능동적 실험을 반복하게 된다. 이러한 참여형 경험은 지적 이해를 넘어 신체 감각과 감정적 공명을 통해 학습을 심화한다. 콜브는 학습이란 "행동만이 아니라 행동에 대한 반성과 새로운 적용을 통해 완성된다."라고 강조했다. 타악기 워크숍은 바로 이 점에서 강력한 학습 장치가 된다.

　기업의 조직개발 분야에서도 이러한 경험 학습 기반 활동은 팀워크 강화, 창의성 촉진, 리더십 개발 등 여러 방면에서 효과를 입증하고 있다. 특히 타악기의 '두드림'은 구성원 간에 신뢰를 구축하고 응집력을 강화하는 촉매제 역할을 하며 몰입과 심리적 안전감을 자연스럽게 촉진한다.

리듬과 치유력

타악기는 인간 문명의 태동과 함께 시작됐고 지금 이 순간에도 여전히 살아 움직이고 있다. 단순한 소리를 넘어 그것은 억눌린 감정을 해방하고 사람들 사이에 숨겨진 소통의 통로를 여는 힘이 있다.

타악기의 여정은 인간의 학습 방식과도 맞닿아 있다. 체험하고 반성하고 다시 도전하는 순환적 경험 속에서 우리는 성장한다. 데이비드 콜브가 말한 것처럼 학습은 지식을 주입받는 것이 아니라 직접 경험하고 의미를 발견하는 과정이다. 타악기는 바로 이 경험 학습의 본질을 가장 직관적으로 구현하는 도구다.

오늘날 드럼 서클은 연주를 넘어 기업, 교육, 치료 현장에서 창의성, 협력, 치유와 변화를 끌어내는 강력한 매개로 확장하고 있다. 이는 음악이 인간의 본성 깊숙이 작동하는 힘을 보여주는 증거다. 동시에 우리가 본능적으로 '함께 울리고 함께 진동하려는 존재'임을 상기시킨다.

두드림은 여전히 유효하다. 리듬은 인간 존재의 언어이며 울림은 개인을 넘어 공동체를 치유하고 연결하는 힘이다. 타악기가 전하는 이 원초적이고도 미래지향적 메시지는 오늘날 우리 사회가 잃지 말아야 할 소중한 울림이다.

5
커피가 바꾼 역사

변화의 액체, 감각의 중심

커피 한 잔을 앞에 두고 하루를 시작하는 것은 현대인의 일상이 됐다. 따뜻한 온기, 깊은 향, 쌉싸름한 첫 모금은 정신과 감각을 일깨운다. 누군가에게는 출근 전 의례이며 누군가에게는 명상의 도구이고 또 누군가에게는 창작의 불씨다. 하지만 이 작은 잔에 담긴 커피는 기호품을 넘어 음악, 예술, 정치, 과학, 심지어 업무 방식까지 바꾸어놓았다. 한마디로 커피는 변화의 액체였다.

1964년 신중현이 이끌던 밴드 에드 훠는 「내 속을 태우는구려」라는 곡을 발표했다. 커피 한 잔을 시켜 놓고 오지 않는 연인을 기다릴지 말지 고민하는 이 곡은 4년 뒤 펄시스터즈의 노래 「커피 한 잔」으로 재해석되어 큰 인기를 얻었다. 이후 장기하의 노래 「싸구려 커피」는 미지근한 커피가 속을 쓰리게 한다며 무기력한 청춘의 감정을 노래했다. 커피는 어느새 노래의 주인공이 됐고 감정의 배경이 됐으며 도시인의 고독과 열망을 담아내는 상징이 됐다.

터키 속담에 "커피는 지옥처럼 검고 죽음처럼 진하며 사랑처럼 달콤해야 한다."라는 말이 있다. 이 말은 고통, 열정, 희망이 공존하는 인간 내면을 커피에 비유한 통찰이다.

1987년 커피 수입 자유화 이후 커피는 우리 사회에서 사치품이 아니라 일상의 일부가 됐다. 한국인의 1인당 커피 소비량은 세계 평균의 2.5배에 달하며 성인 기준 하루 평균 1.11잔의 커피를 마신다. 2024년 2분기 기준 서울에는 2만 4,444개의 카페가 존재한다. 실존주의 철학자 장 폴 사르트르는 파리의 카페 드 플로르Café de Flore에서 에스프레소 한 잔을 앞에 두고 12시간을 머물렀다. 서울의 수많은 카페도 오늘날의 젊은 사르트르들을 위해 콘센트와 와이파이와 푹신한 의자를 제공한다.

바흐는 명곡 「커피 칸타타」를 작곡하며 커피를 찬양했다. 베토벤은 매일 아침 정확히 60알의 커피콩을 손수 세어 내려 마셨다고 한다. 브람스는 "나보다 진한 커피를 마시는 사람은 없을 것"이라며 하루를 시작했다. 피카소, 마티스, 장 콕토는 파리 몽마르트르의 카페에서 커피와 함께 그림과 시와 음악을 논했다. 수많은 시와 소설이 카페 테이블 위에서 태어났다.

문화와 혁명의 무대

하인리히 야콥은 저서 『커피의 역사』에서 '커피는 인간의 두뇌 능력을 자극하고 강화해왔기에 망원경이나 현미경의 발명만큼이나 중요한 의미를 지닌다.'라고 썼다. 19세기 프랑스의 역사학자 쥘 미슐레Jules Michelet도 커피의 등장을 '창조적 사고에 이바지한 결정적 사건'으로 평가했다.

커피가 유럽에 들어온 후 런던과 파리에는 수많은 카페가 생겨났다. 이 공간들은 휴식처이면서 사유와 대화 그리고 창조의 장이었다. 민주주의는 이곳에서 씨앗을 틔웠고 예술, 저널리즘, 금융이 꽃피었다. 프랑스 혁명 직전 언론인이자 정치 활동가였던 카미유 데물랭Camille Desmoulins은 팔레 루아얄Palais-Royal의 카페 드 푸아Café de Foy에서 군중을 향해 무장봉기를 촉구하는 연설을 했다.

런던의 로이즈 커피하우스Lloyd's Coffee House는 선박 운항 정보를 교환하던 장소로 이곳에서 선박 보험이라는 개념이 처음 실용화됐다. 이 아이디어는 점차 조직화돼 훗날 세계적인 보험회사인 '런던 로이즈Lloyd's of London'로 발전했다. 1683년 오스만 제국이 오스트리아 빈을 포위했다가 패퇴하며 남긴 커피 자루는 빈 최초의 카페인 '푸른 병의 집Hof zur Blauen Flasche'의 기원이 됐다. 이렇듯 커피는 국경을 넘고 제국과 민중의 서사에 스며들었다.

스웨덴에는 '피카Fika'라는 이름의 독특한 커피 문화가 있다. 피카는 커피나 차와 함께 디저트를 곁들이며 동료, 친구, 가족과 교류하는 시간을 의미한다. 스웨덴 사람들은 하루에 한 번 이상 피카를 가지는 것을 삶의 중요한 일부로 여긴다. 이를 통해 인간관계를 돈독히 하고 스트레스를 해소하며 창의적 사고를 촉진한다. 오늘날 많은 스웨덴 기업에서는 피카 시간을 법적으로 보장하거나 장려하고 있다. 피카는 직장 내 소통과 협업 문화를 강화하는 핵심 요소로 작용하고 있다.

하버드대학교와 MIT 등의 연구에 따르면 카페인은 단기 기억력과 정보 처리 속도를 향상한다. 또한 도파민과 노르에피네프린의 분비를 자극해 뇌의 집중도와 기민함을 높인다. 특히 창의력은 낯선 연결을 시도할 때 발현되는데 이때 커피가 뇌 속 잡음을 줄이고 몰입을 촉진한다. 커피 섭취 후 약 30분간 아이디어 생성이 증가하고 문제 해결 접근 방식도 다양해진다는 연구 결과가 있다.

MIT 슬로언경영대학원의 2020년 연구에서는 카페인을 섭취한 그룹이 창의적 문제 해결 과제에서 비섭취 그룹 대비 평균 17% 높은 결과를 기록했다. 연구진은 카페인이 집중력과 단기 기억력을 높이는 데는 효과적이지만 사고의 유연성에는 직접적인 영향을 미치지 않는다고 분석했다. 미국항공우주국NASA의 피로 관리 프로그램에서는 우주비행사의 임무 성과를 향상하기 위해 카페인을 과학적으로 투여한다. 연구 결과 임무 중반부에 정제된 카페인을 투입할 때 주의력과 반응 속도가 최대 64%까지 향상되고 작업 오류율이 평균 34% 감소하는 효과가 나타났다. 이렇듯 창의성과 성과 사이에 커피는 조용한 조율자의 역할을 해왔다.

창의와 생산성의 촉진제

이러한 커피의 효과는 현대 경영 환경에서도 분명하게 드러난다. 글로벌 기업들은 사내 커피 문화를 복지 차원을 넘어 혁신을 촉진하는 전략적 도구로 활용하고 있다. 구글은 층마다 바리스타가 상주하는 카페 공간을 운영함으로써 직원들이 자연스럽게 마주치며 아이디어를 교류할 수 있도록 설계했다. 애플의 CEO 팀 쿡은 "회의보다 커피머신 앞에서 더 많은 이야기를 나눈다."라고 말하며 사무실 내 비공식적 휴게 공간을 리더십의 핵심 무대로 여긴다. 이 공간은 직급을 넘은 자유로운 대화, 창의적 아이디어, 공감의 리더십이 자연스럽게 오가는 조직문화의 결정적 지점이다.

카페처럼 설계된 업무 공간은 심리적 안전감을 높이고 팀워크를 증진한다. 한 연구에 따르면 사무실 내 커피를 마시는 휴게공간에서 시작된 프로젝트가 회의실에서 시작된 프로젝트보다 평균 1.3배 더 빠르게 의사결정에 도달했다. 이는 커피가 각성제 이상으로 사회적 연결과 창의적 협업의 촉매제임을 보여준다.

음악과 커피는 감각의 세계에서도 깊이 연결된다. 인간은 시각, 청각, 후각, 미각, 촉각 등 서로 다른 감각을 통합적으로 인식하는 경향이 있으며 이를 통해 감정적 몰입을 강화한다. 심리학자 찰스 스펜스Charles Spence와 옥스퍼드대학교 연구진은 이러한 '감각 간 지각 전이Cross-modal Correspondence' 이론을 통해 커피향과 음악이 서로의 감각을 증폭한다고 설명했다.

이 이론에 따르면 사람은 밝고 경쾌한 음악과 약하게 볶은 커피를 연결하고 어둡고 깊은 음악과 진하게 볶은 커피를 자연스럽게 매칭하는 경향이 있다. 실제로 실험에서는 고음역의 음악을 들으며 산미가 강한 커피를 마신 참가자들이 커피의 맛을 더 상쾌하고 가볍게 인식했다고 보고했다. 일부 카페는 이 원리를 활용해 음악의 템포나 음색에 따라 커피 추출 방식을 달리하거나 특정 커피 블렌드에 어울리는 음악을 선곡하기도 한다.

이처럼 음악은 커피의 향미를 증폭하고 커피는 음악의 감정선을 보강하는 매개가 된다. 소비자의 총체적 경험Total Experience을 추구하는 현대 브랜드 마케팅에서도 감각 간 융합은 중요한 전략적 요소로 부상하고 있다. 제품의 품질에 더해 시각, 청각, 후각, 촉각을 아우르는 감각의 총체적 설계가 브랜드의 정체성과 기억을 형성하는 핵심 전략이 된 것이다. 스타벅스, 애플, 루이뷔통 같은 글로벌 브랜드들은 매장에 들어선 순간부터 향기, 음악, 조명, 촉감까지 치밀하게 조율해 소비자 감정에 깊은 인상을 남긴다. 이제 브랜드는 감각의 경험으로 기억된다.

브랜드 경험에 감각심리학을 적극적으로 활용하는 사례는 점점 확장되고 있다. 프리미엄 자동차 브랜드인 메르세데스벤츠는 차량 내부에 특정 향기를 디퓨저로 퍼뜨려 운전자의 감정 상태를 긍정적으로 유지하도록 유도한다. 프라다는 매장의 조명과 음악의 템포를 조정해 소비자의 체류 시간을 늘린다. 초콜릿 브랜드 린트Lindt의 매장은 빨갛게 빛난다. 다섯 가지 감각을 모두 자극하는 멀

티센서리 브랜딩의 전형이다. 매장에 퍼지는 초콜릿 향기, 잔잔한 음악, 직접 맛보는 시식의 경험을 통해 고객은 '초콜릿이 곧 기분이고 분위기'라는 브랜드 메시지를 체감한다. 이러한 감각 중심 경험은 소비자가 제품을 구매하는 순간뿐 아니라 브랜드와의 감정적 유대까지 형성하는 중요한 기제로 작용한다. 이러한 다감각 자극 설계는 인간이 서로 다른 감각 정보를 통합적으로 인식하는 심리적 메커니즘을 활용한 것이다. 따라서 오늘날 브랜드는 제품만 판매하는 것이 아니라 소비자에게 기억에 남는 몰입형 경험을 제공하고자 감각 간 융합 전략을 필수적으로 채택하고 있다. 소비자는 '느껴지는 경험'을 통해 브랜드를 기억하고 선택한다.

하지만 이 감각적이고 창의적인 세계는 기후 변화라는 거대한 위기 앞에 놓여 있다. 미국 국립과학원NAS은 지구 평균 온도가 2도 상승할 경우 2050년까지 중남미 커피 생산량이 최대 88% 감소할 수 있다고 경고했다. 이제 커피 없는 세상을 상상해본다. 카페의 재즈도, 회의의 활기도, 음악가의 고독한 아침도 모두 색을 잃는다. 우리는 커피로 세상을 바꾸었고 커피는 우리의 하루를 바꾸었다. 에티오피아 하라르에서 커피를 거래하다 삶을 마친 시인 랭보의 시집 『지옥에서 보낸 한 철』을 떠올리며 오늘도 또르륵 또르륵 커피 한 잔을 내린다. 이 검은 액체의 힘을 우리는 결코 과소평가할 수 없다.

6
여가, 창의와 혁신의 원천

취미와 창의성

"살면서 가장 후회되는 일은 무엇인가?"

한 증권사에서 50대 이상 고객을 대상으로 설문조사를 하면서 물었다. 가장 많이 받은 답변은 "평생 할 수 있는 취미를 갖지 못한 것"이었다. 일본 속담에도 "취미가 없는 것보다는 악취미가 낫다."라는 말이 있다. 바쁜 일정과 다급한 결정을 반복해야 하는 경영자에게 취미는 자칫 사치처럼 느껴질 수 있다. 하지만 성공적인 기업 운영의 이면에는 공통적으로 '좋은 취미'가 숨어 있기도 하다.

취미는 스트레스를 해소하고 창의성, 유연한 사고, 문제 해결 능력을 강화한다. 특히 극한의 취미 활동을 하는 사람은 자기 자신을 시험하고 돌파하는 과정에서 경영적 통찰을 얻기도 한다. 버진 그룹의 리처드 브랜슨은 열기구로 대서양을 횡단하고 스카이다이빙과 스쿠버다이빙에 몰두하는 모험가적 성향을 갖고 있다. 또한 그는 체스를 즐기며 전략적 사고, 계획력, 도전 정신을 기르는 데 도움이 된다고 말했다.

세대와 국경의 연결

국내 기업가 중 조웅래 맥키스컴퍼니 회장은 마라톤 애호가로 알려져 있다. 그는 도심 아스팔트를 달리는 과정에서 발 건강에 관심을 가지게 됐다. 결국 60억 원을 투자해 대전 계족산에 14.5킬로미터의 황톳길을 조성했다. 이 황톳길은 전국에서 사람들이 찾는 힐링 명소가 됐으며 기업의 이미지 제고와 사회 공헌에도 이바지했다.

윤영달 크라운해태제과 명예회장은 골프장 용지를 '아트밸리'라는 문화예술 공간으로 재탄생시켰으며 조각, 유리공예, 판소리 등 다양한 문화예술 활동에 500억 원을 기부했다. 그는 예술적 취향을 제품 디자인과 마케팅에 접목해 과자 포장지에 예술 작품을 담는 등 브랜드에 차별화를 더했다.

젊은 세대 기업가 중에서도 취미를 창의적 사업으로 발전시킨 사례들이 주목받고 있다. 영국의 칼럼 대니얼Callum Daniel은 7세에 로봇 만들기에 흥미를 느껴 활동을 시작했다. 이후 이를 기반으로 청소년 코딩 교육 프로젝트인 '아이코드로봇iCodeRobots'을 이끌며 교육과 기술을 연결하는 사회적 가치를 창출하고 있다. 그는 자신과 같은 또래들이 기술에 쉽게 접근할 수 있도록 돕는 것을 사명으로 삼았다. 이 활동은 STEM 교육 확산에 큰 기여를 하고 있다. STEM은 과학Science, 기술Technology, 공학Engineering, 수학Mathematics의 약자로 융합적 사고력과 문제 해결 능력을 키우기 위한 통합 교육 방식이다. STEM 교육은 미래 산업과 직결되는 분야에서 창의성과 실천 능력을 키우는 데 핵심 역할을 한다.

미국의 슈브함 바네르제Shubham Banerjee는 13세 때 레고 블록을 활용해 저비용 점자 프린터를 개발했다. 이 발명은 '브레이고 랩스Braigo Labs'라는 스타트업으로 이어졌고 시각장애인을 위한 접근성 기술 분야에서 혁신의 상징으로 자리매김했다. 이처럼 취미는 세대와 국경을 넘어 창의적 발화점이 되고 있다.

경영자와 예술가의 통찰

취미는 예술가와 스포츠 스타에게도 스트레스 해소 이상의 역할을 한다. 마이크 타이슨은 비둘기를 사랑한 소년이었다. 그가 친구처럼 아끼던 비둘기를 괴롭힌 아이를 혼내준 일을 계기로 복싱에 입문했다는 일화는 유명하다. 가수 현아는 만화 「심슨 가족」 캐릭터 수집, FT아일랜드의 이홍기는 네일아트가 취미다. 배우 톰 행크스의 취미는 오래된 타자기 수집인데 친구들에게 타자기로 직접 편지를 쓰는 낭만을 즐긴다.

워런 버핏은 우쿨렐레 연주를 즐긴다. 1949년 18살 때부터 우쿨렐레를 배우기 시작해 자선 무대에서 아이들을 위해 노래를 부르거나 주주총회에서 연주하며 인간적 면모를 드러낸다. 정만원 전 SK텔레콤 사장은 색소폰을 연주한다. 검사 출신인 씨앤씨티에너지의 황인규 회장은 전문 보컬리스트도 레퍼토리로 선택하기 주저하는 퀸의 「보헤미안 랩소디」를 원키로 끝까지 완벽하게 부를 정도의 놀라운 가창력을 지니고 있다.

테슬라의 일론 머스크는 어릴 적 영화 「007」 시리즈에 등장한 상상력을 자극하는 장비에 심취했고 지금도 관련 물품을 수집한다. 그는 "상상을 자극하는 취미가 미래 기술 아이디어의 원천"이라고 말한다. 잭 도시 전 트위터 CEO는 주 80시간씩 일하는 강도 높은 일정 속에서도 토요일마다 하이킹을 하며 집중력과 통찰력을 회복했다.

심리적 자본, 휴식의 가치

취미는 혼자만의 세계에 머무는 '사석 공간'이면서도 때로는 타인과 연결돼 사회적 가치를 만들어내는 공적 활동으로 확장된다. 워런 버핏의 연주는 투자자에게 인간적 이미지를 전달한다. 리처드 브랜슨의 모험은 브랜드에 생명력을 더한다. 조웅래 회장의 황톳길은 지역사회와 기업의 연결 통로가 됐다. 문화예술을 사랑한 윤영달 명예회장의 아트밸리는 기업과 예술의 상생 모델이 됐다.

창의성은 자율성과 여유에서 비롯된다. 경영자는 항상 '정답'을 요구받는 자리이지만 취미는 '오답도 괜찮은' 공간이다. 음악이든 마라톤이든 조류 관찰이든 나만의 공간에서 마음껏 몰입하고 확장된 시야를 경험한 사람은 경영에서도 더 유연하고 통찰력 있게 행동할 수 있다.

경영 이론에서도 이러한 취미의 가치를 설명할 수 있다. 예를 들어 조직행동론은 인간의 태도, 동기, 감정, 행동을 이해하고 이를 조직 성과와 리더십과 연결하는 학문이다. 초기에는 체스터 바너드와 허버트 사이먼 같은 이론가들이 조직 내 인간의 합리성과 의사결정 과정을 탐구하면서 발전했다. 이 분야에서는 특히 창의성과 회복력을 높이는 요인으로 내재적 동기의 중요성을 강조한다. 취미는 내재적 동기를 활성화하는 대표적 경로로 꼽힌다. 취미 활동은 내재적 동기를 자극함으로써 창의성과 회복력을 높이는 데 효과적인 역할을 한다.

실제로 내재적 동기를 기반으로 한 활동은 직무 몰입을 높이고 감정 소진을 줄이는 데 긍정적 영향을 준다는 연구들이 축적되고 있다. '심리적 자본Psychological Capital' 이론은 미국 네브래스카대학교 조직행동이론 교수인 프레드 루선스Fred Luthans가 제창한 개념이다. 이 이론은 희망, 자기효능감, 낙관주의, 회복탄력성을 핵심 요소로 제시한다. 취미는 이 네 가지 핵심 요소를 자연스럽게 강화하는 비공식적 수단이 될 수 있다. 이처럼 취미는 개인적인 만족감을 높일 뿐만 아니라 조직 내 리더십과 팀워크의 질을 높이는 토대로 작용한다.

무엇보다 중요한 것은 취미가 개인의 여가를 넘어서 조직문화로 확산할 수 있다는 것이다. "열심히 일한 당신 열심히 놀아라."라는 광고 문구처럼 취미는 기업가에게 휴식을 제공하는 안식처인 동시에 창의성의 원천이 되는 중요한 자산이다.

참고문헌

1장 음악 속의 초일류 리더십

Belbin, M. (2010). *Management teams: Why they succeed or fail*. Butterworth-Heinemann.

Bourdieu, P. (1986). The forms of capital. In J. Richardson (Ed.), *Handbook of theory and research for the sociology of education*. Greenwood.

Child, J. (2006). *My life in France*. Knopf.

Dweck, C. (2006). *Mindset: The new psychology of success*. Random House.

Edmondson, A. (2018). *The fearless organization*. Wiley.

Goleman, D. (1995). *Emotional intelligence*. Bantam Books.

Greenleaf, R. K. (1977). *Servant leadership: A journey into the nature of legitimate power and greatness*. Paulist Press.

Hersey, P., & Blanchard, K. (1982). *Management of organizational behavior*. Prentice Hall.

Hirshberg, G. (2008). *Stirring it up: How to make money and save the world*. Hyperion.

Hsieh, T. (2010). *Delivering Happiness: A Path to Profits, Passion, and Purpose*. Grand Central Publishing.

Kolb, D. A. (n.d.). *Experiential learning: Experience as the source of learning and development*. Prentice Hall.

Malone, T. W., Laubacher, R., & Dellarocas, C. (2010). *Collective intelligence*. MIT Center for Collective Intelligence.

Manz, C. C., & Sims, H. P. (1991). *SuperLeadership: Beyond the myth of heroic leadership*. Prentice Hall.

McCartney, P. (2021). *The lyrics: 1956 to the present*. Liveright.

Michelli, J. A. (2011). *The Zappos experience: 5 principles to inspire, engage, and WOW*. McGraw-Hill Education.

Norman, P. (2008). *John Lennon: The life*. Ecco.

Pearce, C. L., & Conger, J. A. (2002). *Shared leadership: Reframing the hows and whys of leadership*. Sage Publications.

Ritz, D. (2003). *Divided soul: The life of Marvin Gaye*. Da Capo Press.

Rousseau, D. M. (1995). *Psychological contracts in organizations: Understanding written and unwritten agreements*. Sage Publications.

Schein, E. H. (2017). *Organizational Culture and Leadership*. John Wiley & Sons.

Wheatley, M. J. (1992). *Leadership and the new science*. Berrett-Koehler.

오노 다이이치(2008). 『도요타 생산방식』. 한국경제신문.

이타이 탈감(2015). 『마에스트로 리더십』(신동숙 역). 원제: *How Great Leaders Inspire Unpredictable Brilliance*. 세종서적.

찰스 C. 맨즈(1996). 『슈퍼 리더십: 사람들이 스스로를 이끄는 리더십』(오재원 역). 원제: *The New Superleadership: Leading Others to Lead Themselves*. 21세기북스.

키스 소여(2009). 『그룹 지니어스 – 창조성 혁신 협업의 힘』(강유리 역). 원제: *Group Genius: The Creative Power of Collaboration*. 에코리브르.

필립 델브스 브러턴(2016). 『훌륭한 관리자의 평범한 습관들』(박영준 역). 어크로스.

연합뉴스. '늦깎이 소리꾼' 장사익 '굽이굽이 인생을 곰삭힌 소리죠' [인터뷰]. 2018년 10월 3일. https://www.yna.co.kr/view/AKR20181003038000005

2장 보이지 않는 조력자, 조직의 힘

Amabile, T. M. (1996). *Creativity in context*. Westview Press.

Bandura, A. (1997). *Self-efficacy: The exercise of control*. New York: W. H. Freeman.

Brooks, J. & Francis, K. (eds.)(2020). *Nadia Boulanger: Thoughts on Music*. University of Rochester Press.

Catmull, E. (2014). *Creativity, Inc*. Random House.

Covey, S. R. (1989). *The 7 habits of highly effective people*. Free Press.

Csikszentmihalyi, M. (1990). *Flow: The psychology of optimal experience*. Harper & Row.

Csikszentmihalyi, M. (2003). *Good business: Leadership, flow, and the making of meaning*. Penguin Books.

Davis, F. (2001). *Kind of blue: The making of the Miles Davis masterpiece*. Da Capo Press.

Edmondson, A. C. (2012). *Teaming: How organizations learn, innovate, and compete in the knowledge economy*. Jossey-Bass.

Grant, A. (2021). *Think again: The power of knowing what you don't know*. Viking.

Greenleaf, R. (1977). *Servant leadership: A journey into the nature of legitimate power and greatness*. Paulist Press.

Ind, N., & Bjerke, R. (2007). *Branding governance*. Wiley.

Kelly, T. F. (2011). *Music then and now*. Norton.

Levitt, T. (1983). *The marketing imagination*. Free Press.

May, B. (1996). *Queen in their own words*. Omnibus Press.

Page, J. (2021). *Led Zeppelin: The definitive biography*. HarperCollins.

Page, S. E. (2007). *The difference: How the power of diversity creates better groups, firms, schools, and societies*. Princeton University Press.

Pearce, C. L., & Conger, J. A. (2003). *Shared leadership: Reframing the hows and whys of leadership*. Sage.

Posner, G. (2002). *Motown: Music, money, sex, and power*. Random House.

Scharmer, O. (2009). *Theory U: Leading from the future as it emerges*. Berrett-Koehler Publishers.

Segovia, A. (1976). *Andrés Segovia: An autobiography of the years 1893–1920*. Macmillan.

Senge, P. M. (1990). *The fifth discipline: The art and practice of the learning organization*. Doubleday.

Simon, H. (2009). *Hidden champions of the twenty-first century*. Springer.

Smith, S. E. (1999). *Dancing in the street: Motown and the cultural politics of Detroit*. Harvard University Press.

Suzuki, S. (1983). *Nurtured by love: The classic approach to talent education*. Alfred Music.

von Hippel, E. (2005). *Democratizing innovation*. MIT Press.

Yagoda, B. (2004). *The sound on the page: Style and voice in writing*. HarperCollins.

Zweig, D. (2014). *Invisible: How everyday people are creating extraordinary success*. Penguin Books.

백지연(2021). 『마지막 인터뷰』. 중앙북스.

이정선(1991). 이정선 기타 교실. 사운드프레스.

짐 콜린스(2002). 『좋은 기업을 넘어 위대한 기업으로』(이무열 역). 원제: *Good to Great: Good to Great: Why Some Companies Make the Leap and Others Don't*. 김영사.

케빈 레인 켈러(2003). 『전략적 브랜드 경영』(안광호 · 석승훈 · 김상훈 역). 학현사.

음악저널. "소리로 진심 전하고 싶다 – 드러머 강수호 인터뷰". 2022년 2월호.

3장 창조성의 조건

Argyris, C., & Schön, D. (1978). *Organizational learning: A theory of action perspective*. Addison-Wesley.

Bandura, A. (1997). *Self-efficacy: The exercise of control*. Freeman.

Bourdieu, P. (1986). *The forms of capital*. In J. G. Richardson (Ed.), Handbook of theory and research for the sociology of education (pp. 241–258). Greenwood Press.

Branson, R. (1998). *Losing my virginity*. Random House.

Carey, M. & Davis, M. A. (2020). *The Meaning of Mariah Carey*. Andy Cohen Books.

Clapton, E. (2007). *Clapton: The autobiography*. Broadway Books.

Csikszentmihalyi, M. (1990). *Flow: The psychology of optimal experience*. Harper & Row.

Csikszentmihalyi, M. (2003). *Good business: Leadership, flow, and the making of meaning*. Penguin Books.

Davis, F. (2001). *Kind of blue: The making of the Miles Davis masterpiece*. Da Capo Press.

Dweck, C. (2006). *Mindset: The new psychology of success*. Random House.

Fillmore, M. T., & Vogel-Sprott, M. (1999). An alcohol model of impaired inhibitory control and its treatment in humans. *Experimental and Clinical Psycho-pharmacology* 7(1), 49–55. https://doi.org/10.1037/1064-1297.7.1.49

Gardner, H. (1983). *Frames of mind: The theory of multiple intelligences*. Basic Books.

Gioia, T. (2011). *The history of jazz*. Oxford University Press.

Grant, A. (2021). *Think again: The power of knowing what you don't know*. Viking.

Hastings, R., & Meyer, E. (2020). *No rules rules: Netflix and the culture of reinvention*. Penguin Press.

Breslin H., & Midgette A. (2004). *The King and I: The Uncensored Tale of Luciano Pavarotti's Rise to Fame*.

Isaacson, W. (2011). *Steve Jobs*. Simon & Schuster.

Keating, G. (2012). *Netflixed: The epic battle for America's eyeballs*. Portfolio Hardcover.

Krumboltz, J. D. (2009). *Luck is no accident: Making the most of happenstance in your life and career*. Impact Publishers.

Liker, J. K. (2004). *The Toyota way*. McGraw-Hill.

Pavarotti, L. (1981). *Pavarotti: My Own Story*. Doubleday.

Matthews, A. (1997). *Follow your heart*. Seashell Publishers.

May, B. (1996). *Queen in their own words*. Omnibus Press.

Page, J. (2021). *Led Zeppelin: The definitive biography*. Harper Collins.

Packard, D. (1995). *The HP way: How Bill Hewlett and I built our company*. Harper-Business.

Polanyi, M. (1966). *The tacit dimension*. Routledge.

Ribowsky, M. (2010). *Signed, sealed, and delivered: The soulful journey of Stevie Wonder*. Wiley.

Rousseau, D. M. (1995). *Psychological contracts in organizations: Understanding written and unwritten agreements*. SAGE Publications.

Scharmer, O. (2009). *Theory U: Leading from the future as it emerges*. Berrett-Koehler Publishers.

Segovia, A. (1976). *Andrés Segovia: An autobiography of the years 1893–1920*. Macmillan.

Simon, H. (2009). *Hidden champions of the twenty-first century*. Springer.

Smith, S. E. (1999). *Dancing in the street: Motown and the cultural politics of Detroit*. Harvard University Press.

Solomon, M. (1998). *Beethoven*. Schirmer Books.

Swafford, J. (1997). *Johannes Brahms: A biography*. Knopf.

Suzuki, S. (1983). *Nurtured by love: The classic approach to talent education*. Alfred Music.

Taylor, J. (2020). *Break shot: My first 21 years* [Audio memoir]. Audible Originals.

Von Hippel, E. (2005). *Democratizing innovation*. MIT Press.

Wiers, R. W., Van Woerden, N., Smulders, F. T. Y., & De Jong, P. J. (2002). Implicit and explicit alcohol-related cognitions in heavy and light drinkers. *Journal of Abnormal Psychology*, 111(4), 648–658. https://doi.org/10.1037/0021-843X.111.4.648

Yagoda, B. (2004). *The sound on the page: Style and voice in writing*. Harper Collins.

Zweig, D. (2014). *Invisible: How everyday people are creating extraordinary success*. Penguin Books.

다니엘 괴드베르(2004). 『마지막에는 사랑이 이긴다』. 이레.

김흥규 외(2008). 『문학의 이해』. 새미.

신현림(2012). 『시와 노래의 만남』. 마음산책.

이생진(1991). 『술과 시인』. 문학세계사.

조지훈(2003). 『조지훈 산문집』. 민음사.

천상병(1993). 『천상병 시선집』. 지식산업사.

황농문(2007). 『몰입: 미치도록 행복한 나를 만나는 몰입의 순간』. 랜덤하우스코리아.

중앙일보. "임윤찬 '7시간 동안 첫 두 마디만…심장 때려야 연습'". 2022년 6월 21일.

4장 지속가능한 사랑, 시대를 초월한 가치

Bandura, A. (1997). *Self-efficacy: The exercise of control*. Freeman.

Barron, J. (2006). *Piano: The making of a Steinway concert grand*. Times Books.

Chernow, R. (1998). *Titan: The life of John D. Rockefeller, Sr*. Random House.

Church Gibson, P. (Ed.). (2011). *Fashion and celebrity culture*. Berg Publishers.

Foreman, G. (1997). *By George: The Autobiography of George Foreman*. Villard Books.

Freeman, R. E. (1984). *Strategic management: A stakeholder approach*. Pitman.

Godart, F. (2012). *Unveiling fashion: Business, culture, and identity in the most glamorous industry*. Palgrave Macmillan.

Good, E. M. (2001). *Giraffes, black dragons, and other pianos*. Stanford University Press.

Gould, G. (1984). *The Glenn Gould reader. Alfred A*. Knopf.

Holt, D. (2004). *How brands become icons: The principles of cultural branding*. Harvard Business School Press.

Kapferer, J. N. (2012). *The new strategic brand management* (5th ed.). Kogan Page.

Kim, W. C., & Mauborgne, R. (2005). *Blue ocean strategy*. Harvard Business Review Press.

Lang, L. (2008). *Journey of a thousand miles: My story*. Spiegel & Grau.

Lhevinne, J. (1972). *Basic principles in pianoforte playing*. Dover Publications.

Masten, A. S. (2014). *Ordinary magic: Resilience in development*. Guilford Press.

Sachs, H. (2021). *The ninth: Beethoven and the world in 1824*. Random House.

Tyler, T. R. (1990). *Why people obey the law*. Yale University Press.

Verba, S., Schlozman, K. L., & Brady, H. E. (1995). *Voice and equality: Civic voluntarism in American politics*. Harvard University Press.

한국은행(2020). 『1950~1960년대 수출입 통계』. 한국은행.

BBC코리아. "리그닌: 나무로 배터리를 만들 수 있을까?". 2023년 1월 8일.

ESPN. "Foreman: Still Going Big". 2003년 8월 16일.

Magnifissance. "Maison Bonnet and Its Iconic History". 2023.

WMMR Rock News. "Rick Allen on What Inspired Him to Drum Again After Losing His Arm". 2020년 10월.

경향신문. "[저자와 편집자, 이 책을 말하다] ④ 철학자 김상봉과 이승우 도서출판 길 기획실장". 2018년 9월 30일.

매일경제. "백제의 혼이 깃든 천년기업 금강조, 무리한 외연 확장에…". 2011년 8월 26일.

매일신문. "'헌책은 손때가 묻어야 아름다운 것': 34년째 대구 향촌동 '박씨서점' 박수남 씨". 2012년 11월 15일.

파이낸셜리뷰. "[기업Hi스토리] 곤고구미". 2020년 8월 13일.

5장 음악과 혁신, 시간과 철학

Aaker, D. A. (1991). *Managing brand equity: Capitalizing on the value of a brand name*. Free Press.

Aaker, D. A. (1996). *Building strong brands*. The Free Press.

Americans for the Arts, The Conference Board. (2007). *The Creative Industries: Business & Employment in the Arts*. Americans for the Arts.

Argyris, C. (1990). *Overcoming organizational defenses*. Allyn & Bacon.

Benkler, Y. (2006). *The wealth of networks: How social production transforms markets and freedom*. Yale University Press.

Cameron, K. S., & Quinn, R. E. (2011)(3rd). *Diagnosing and Changing Organizational Culture: Based on the Competing Values Framework*. Jossey-Bass.

Chesbrough, H. (2003). *Open innovation: The new imperative for creating and profiting from technology*. Harvard Business Press.

Coyle, D. (2018). *The culture code: The secrets of highly successful groups*. Bantam.

Drain, R. (1995). *Twentieth-century theatre: A sourcebook*. Routledge.

Gabler, N. (2006). *Walt Disney: The triumph of the American imagination*. Knopf.

Gardner, H. (1983). *Frames of mind: The theory of multiple intelligences*. Basic Books.

Iger, R. (2019). *The ride of a lifetime: Lessons learned from 15 years as CEO of the Walt Disney Company*. Random House.

Knowles, M. S. (1975). *Self-directed learning: A guide for learners and teachers*. Cambridge Book Co.

Lang, L. (2008). *Journey of a thousand miles: My story*. Spiegel & Grau.

Pine, B. J., & Gilmore, J. H. (1999). *The experience economy*. Harvard Business School Press.

Rogers, E. M. (1995). *Diffusion of Innovations*. Free Press. New York.

Pollan, M. (2013). *Cooked: A natural history of transformation*. Penguin Books.

Rogers, E. M. (2003). *Diffusion of innovations* (5th ed.). Free Press.

Shapiro, L. (1986). *Perfection salad: Women and cooking at the turn of the century*. New York: Farrar, Straus & Giroux.

Shapiro, L. (2004). *Something from the oven: Reinventing dinner in 1950s America*. New York: Viking.

Simon, H. (2009). *Hidden champions of the 21st century: Success strategies of unknown world market leaders*. Springer.

Spiro, R. J., Coulson, R. L., Feltovich, P. J., & Anderson, D. K. (1990). *Cognitive flexibility theory: Advanced knowledge acquisition in ill-structured domains*.

Stanley, B. (2013). *Yeah! Yeah! Yeah! The story of pop music from Bill Haley to Beyoncé*. Faber & Faber.

Voelkel, J. R. (1999). *Johannes Kepler and the new astronomy*. Oxford University Press.

Zeithaml, V. A., Bitner, M. J., & Gremler, D. D. (2006). *Services marketing: Integrating customer focus across the firm*. McGraw-Hill.

노나카 이쿠치로, 히로타카 다케우치(2002). 『지식창조기업』(장은영 역). 원제: *The Knowledge-Creating Company*. 세종서적.

에버렛 M. 로저스(2005). 『개혁의 확산』(김영석 등 역). 원제: *Diffusion of Innovations*. 커뮤니케이션북스.

요하이 벤클러(2015), 『네트워크의 부』(최은창 역). 커뮤니케이션북스.

프레드 루당스, 캐럴린 유세프, 브루스 아볼리오(2012). 『긍정심리자본: 인간의 경쟁우위를 발전시키는 노하우』(김강훈, 김정기, 박상만 역), 럭스미디어.

피터 드러커(2013). 『프로페셔널의 조건』(이재규 역). 원제: *The Essential Drucker on Individuals(2001)*. 청림출판.

피터 센게(1996). 『제5경영: 학습조직의 바이블』(안중호 역). 원제: *The fifth discipline : the art and practice of the learning organization*. 세종서적.

헤르만 지몬(2012). 『히든 챔피언: 세계시장을 제패한 숨은 1등 기업의 비밀』.(이수영 역). 원제: *Hidden Champions: Secrets of the World Market Leaders*. 흐름출판.

헨리 체스브로(2021). 『오픈 이노베이션 - 혁신을 추구하는 기업의 선택』(이주영 역). 원제: *Open Innovation: The New Imperative for Creating and Profiting from Technology*. mysc(엠와이소셜컴퍼니).

The Afterword. "ABBA: The Defence". Bob Stanley 평론 인용. 2024년 1월 16일.

한겨레. "세상에서 가장 입체적인 소리, 기타 줄 여섯 개 - 김민기 인터뷰". 2023년 2월 2일.

한겨레. "음악은 요즘 속도와 알고리즘에 맞춰 요리된 음식 같다 - 음악가 이랑 인터뷰". 2022년 2월 12일.

한겨레. "치즈는 부패와 분해로 더 좋은 걸 만든다, 죽음 직면의 미학 - 치즈 수녀 노엘라 마르첼리노 인터뷰". 2019년 1월 16일.

6장 음악·문화·다양성, 포용과 혁신

Boak, D. (2001). *Martin guitars: A history*. Hal Leonard.

Branson, R. (1998). *Losing my virginity*. Random House.

Deloitte (2016). *The Six Signature Traits of Inclusive Leadership*. Deloitte University Press

Edmondson, A. C.(2018). *The Fearless Organization: Creating Psychological Safety in the Workplace for Learning, Innovation, and Growth*. John Wiley & Sons.

Eagly, A. H., & Karau, S. J. (2002). Role congruity theory of prejudice toward female leaders. *Psychological Review*, 109(3), 573-598.

Fortune (1999). *Carly Fiorina Breaks the Glass Ceiling at HP*. Fortune Magazine.

Freeman, R. E. (1984). *Strategic Management: A Stakeholder Approach*. Pitman Publishing (Pitman Series in Business and Public Policy)

George, B. (2003). *Authentic Leadership: Rediscovering the Secrets to Creating Lasting Value*. Jossey-Bass (Wiley)

Griffiths, P. (2010). *Modern music and after*. Oxford University Press.

Harrison, D. A., & Klein, K. J. (2007). What's the difference? Diversity constructs as separation, variety, or disparity. *Academy of Management Review*, 32(4). 1199-1228.

Janis, I. L. (1982). *Groupthink: Psychological studies of policy decisions and fiascoes*. Houghton Mifflin Company.

McKinsey & Company (2020). *Diversity Wins: How Inclusion Matters*.

Robbins, S. P., & Judge, T. A. (2018). *Organizational behavior* (18th ed.). Pearson Education.

Sachs, C. (1940). *The history of musical instruments*. Norton.

Southern, E. (1997). *The music of Black Americans: A history* (3rd ed.). W. W. Norton & Company.

Summerfield, M. J. (2002). *The classical guitar: Its evolution and players since 1800*. Ashley Mark Publishing.

Turnbull, H. (1974). *The guitar: From the Renaissance to the present day*. Batsford.

Tyler, J. (1980). *A history of the guitar from the Renaissance to the present day*. Thames and Hudson.

Wade, G. (1986). *Segovia: A Biography of the Maestro*. London: Robert Hale.

Wade, G. (2001). *A concise history of the classic guitar*. Mel Bay Publications.

Williams, J. (2010). *Strings attached: The life and times of the classical guitar*. Hal Leonard.

Zabelina, D., Colzato, L., & Hommel, B. (2020). Caffeine boosts problem-solving ability but not creative thinking. *Consciousness and Cognition*, 79, 102899.

강헌(2011). 『한국 대중음악사』. 한겨레출판.

김창남(2015). 『대중음악의 이해』. 한울아카데미.

대한무역투자진흥공사(KOTRA)(2023). 『글로벌 커피시장 동향』.

문화재청(2018). 『종묘제례악 종합해설』. 문화재청.

박성준(2005). 『에티오피아의 랭보』. 문학동네.

샬런 네메스(2020). 『반대의 놀라운 힘』(신솔잎 역). 원제: *In Defense of Troublemakers: The Power of Dissent in Life and Business* (2018). 청림출판.

이광수(2017). 『사물놀이의 탄생과 발전』. 민속원.

이백천(2014). 『이백천의 음악여행 - 통기타, 세시봉, 포크 50년을 말하다』. 나미북스.

제프리 페퍼(2023). 『권력을 경영하는 7가지 원칙의 법칙』(장진영 역). 원제: *7 Rules of Power*. 비즈니스북스.

통계청(2024). 『소상공인 실태조사보고서』 (2024년 2분기).

하인리히 에두아르트 야콥(2019). 커피의 역사(남덕현 역). 원제: *Kaffee - Die Biographie eines weltwirtschaftlichen Stoffes*. 갈라파고스.

홍성태(2016). 『배민다움』. 북스톤.

스타뉴스. "송창식 함춘호 기타 있어야 노래할 맛 난다". 김원겸. 2020년 1월 31일.

스포츠서울. '내 목소리를 책임질 수 있는 사람은 결국 나뿐'. -아이유 인터뷰. 2017년 9월 18일.

키 체인지
비틀스에서 BTS까지 초일류 경영의 비밀

초판 1쇄 인쇄 2025년 8월 11일
초판 1쇄 발행 2025년 8월 18일

지은이 이두헌
펴낸이 안현주

기획 류재운 **편집** 안선영 김재열 **브랜드마케팅** 이민규 **영업** 안현영
디자인 표지 정태성 본문 장덕종

펴낸 곳 클라우드나인 **출판등록** 2013년 12월 12일(제2013-101호)
주소 우) 03993 서울시 마포구 월드컵북로 4길 82(동교동) 신흥빌딩 3층
전화 02-332-8939 **팩스** 02-6008-8938
이메일 c9book@naver.com

값 22,000원
ISBN 979-11-94534-35-8 03320

* 잘못 만들어진 책은 구입하신 곳에서 교환해드립니다.
* 이 책의 전부 또는 일부 내용을 재사용하려면 사전에 저작권자와 클라우드나인의 동의를 받아야 합니다.

* 클라우드나인에서는 독자 여러분의 원고를 기다리고 있습니다.
  출간을 원하시는 분은 원고를 bookmuseum@naver.com으로 보내주세요.

* 클라우드나인은 구름 중 가장 높은 구름인 9번 구름을 뜻합니다. 새들이 깃털로 하늘을 나는 것처럼 인간은 깃펜으로 쓴 글자에 의해 천상에 오를 것입니다.